Bunreacht na hÉireann

Constitution of Ireland

BAILE ÁTHA CLIATH
ARNA FHOILSIÚ AG OIFIG AN tSOLÁTHAIR
Le ceannach díreach ó
FOILSEACHÁIN RIALTAIS,
52 FAICHE STIABHNA, BAILE ÁTHA CLIATH 2,
(Teil: 01 – 6476834 nó 1890 213434; Fax 01 – 6476843)
nó trí aon díoltóir leabhar.

DUBLIN
PUBLISHED BY THE STATIONERY OFFICE
To be purchased from
GOVERNMENT PUBLICATIONS,
52 ST. STEPHEN'S GREEN, DUBLIN 2,
(Tel: 01 – 6476834 or 1890 213434; Fax: 01 – 6476843)
or through any bookseller.

Bunreacht na hÉireann
Constitution of Ireland

D'achtaigh an Pobal an 1 Iúil, 1937
Enacted by the People 1st July, 1937

I ngníomh ón 29 Nollaig, 1937
In operation as from 29th December, 1937

An téacs seo den Bhunreacht is cóip é den téacs a cuireadh isteach ina iris an 27 Bealtaine,1999, de dhroim Airteagal 25.5.2° ach amháin maidir leis na nithe seo a leanas :

> tá na Forálacha Sealadacha (Airteagail 51-64) fágtha ar lár mar a cheanglaítear le téarmaí na nAirteagal sin; athraíodh an téacs Gaeilge chun go mbeadh sé de réir na Nua-Ghaeilge caighdeánaí; tá an fichiú leasú, a achtaíodh tar éis don téacs a bheith curtha isteach ina iris, curtha san áireamh; tá na hAirteagail 2 agus 3 nua agus an t-alt 8 nua in Airteagal 29 curtha isteach de bhun fhorálacha an Achta um an Naoú Leasú Déag ar an mBunreacht, 1998; tá an t-aonú leasú is fiche, an tríú leasú is fiche, an séú leasú is fiche, an seachtú leasú is fiche, an t-ochtú leasú is fiche, an naoú leasú is fiche, an tríochadú leasú, an t-aonú leasú is tríocha, an tríú leasú is tríocha agus an ceathrú leasú is tríocha a achtaíodh tar éis don téacs a bheith curtha isteach ina iris, curtha san áireamh anois. Déantar na leasuithe a rinneadh ó achtaíodh an Bunreacht i 1937 suas go dtí tráth clóite an eagráin seo (Deireadh Fómhair 2015) a liostú thíos.

This text of the Constitution is a copy of the text enrolled on 27 May, 1999 pursuant to Article 25.5.2° except that :

> the Transitory Provisions (Articles 51-64) are omitted as required by their terms; the Irish text has been altered so as to make it conform to modern standardized Irish; the twentieth amendment, enacted subsequent to enrolment, is incorporated; the new Articles 2 and 3 and the new section 8 in Article 29 are inserted pursuant to the provisions of the Nineteenth Amendment of the Constitution Act, 1998; the twenty-first, twenty-third, twenty-sixth, twenty-seventh, twenty-eighth, twenty-ninth, thirtieth, thirty-first, thirty-third and thirty-fourth amendments enacted subsequent to enrolment have now been incorporated. Amendments effected since the Constitution was enacted in 1937 up to the time of printing of this edition (October 2015) are listed below.

Amending Acts

Short Title	Date of Signature
First Amendment of the Constitution Act, 1939 [*Extended to conflicts in which the State is not a participant the provision for a state of emergency to secure the public safety and preservation of the State in time of war or armed rebellion.*]	2 September, 1939
Second Amendment of the Constitution Act, 1941 [*An omnibus proposal, covering a range of disparate Articles, aimed at tidying up the Constitution in the light of experience since its enactment.*]	30 May, 1941
Third Amendment of the Constitution Act, 1972 [*Allowed the State to become a member of the European Communities.*]	8 June, 1972
Fourth Amendment of the Constitution Act, 1972 [*Reduced the minimum voting age at Dáil and Presidential elections and referendums from 21 years to 18 years.*]	5 January, 1973
Fifth Amendment of the Constitution Act, 1972 [*Removed from the Constitution the special position of the Catholic Church and the recognition of other named religious denominations.*]	5 January, 1973
Sixth Amendment of the Constitution (Adoption) Act, 1979 [*Ensured that adoption orders made by the Adoption Board could not be declared invalid because they were not made by a court.*]	3 August, 1979

Na hAchtanna Leasúcháin

Gearrtheideal	Dáta Sínithe
An tAcht um an gCéad Leasú ar an mBunreacht, 1939 [*Rinneadh an socrú maidir le staid phráinne chun slándáil an phobail a chur in áirithe agus chun an Stát a chaomhnú in aimsir chogaidh nó ceannairce faoi arm a leathnú chuig coinbhleachtaí nach mbeidh an Stát páirteach iontu.*]	2 Meán Fómhair, 1939
An tAcht um an Dara Leasú ar an mBunreacht, 1941 [*Olltogra inar cuimsíodh réimse Airteagal éagsúil agus arbh é ba chuspóir leis slacht a chur ar an mBunreacht i bhfianaise na taithí ó achtaíodh é.*]	30 Bealtaine, 1941
An tAcht um an Tríú Leasú ar an mBunreacht, 1972 [*Ceadaíodh don Stát a bheith ina chomhalta de na Comhphobail Eorpacha.*]	8 Meitheamh, 1972
An tAcht um an gCeathrú Leasú ar an mBunreacht, 1972 [*Laghdaíodh an aois íosta vótála i dtoghcháin Dála agus Uachtaráin agus i reifrinn ó 21 bhliain go 18 mbliana.*]	5 Eanáir, 1973
An tAcht um an gCúigiú Leasú ar an mBunreacht, 1972 [*Baineadh den Bhunreacht ionad speisialta na hEaglaise Caitlicí agus an t-aitheantas d'aicmí ainmnithe eile creidimh.*]	5 Eanáir, 1973
An tAcht um an Séú Leasú ar an mBunreacht (Uchtáil), 1979 [*Áirithíodh nach bhféadfaí a dhearbhú gur orduithe neamhbhailí iad orduithe uchtála arna ndéanamh ag an mBord Uchtála ar an ábhar nach cúirt a rinne iad.*]	3 Lúnasa, 1979

Seventh Amendment of the Constitution (Election of Members of Seanad Éireann by Institutions of Higher Education) Act, 1979 [*Allowed the State to extend the provisions for the election of members of Seanad Éireann by certain universities to other institutions of higher education in the State.*]	3 August, 1979
Eighth Amendment of the Constitution Act, 1983 [*Acknowledged the right to life of the unborn, with due regard to the equal right to life of the mother.*]	7 October, 1983
Ninth Amendment of the Constitution Act, 1984 [*Extended the right to vote at Dáil elections to certain non-Irish nationals.*]	2 August, 1984
Tenth Amendment of the Constitution Act, 1987 [*Allowed the State to ratify the Single European Act.*]	22 June, 1987
Eleventh Amendment of the Constitution Act, 1992 [*Allowed the State to ratify the Treaty on European Union (Maastricht) and to become a member of that union.*]	16 July, 1992
There is no Twelfth Amendment. On 25 November 1992, three proposals were put to the people, the Twelfth, Thirteenth and Fourteenth Amendments. The people rejected the Twelfth (which dealt with the right to life of the unborn) and approved the Thirteenth and Fourteenth (below).	

An tAcht um an Seachtú Leasú ar an mBunreacht (Forais Árdoideachais do Thoghadh Comhaltaí de Sheanad Éireann), 1979 [*Ceadaíodh don Stát an socrú maidir le toghadh comhaltaí de Sheanad Éireann ag ollscoileanna agus ag forais eile ardoideachais sa Stát a leathnú.*]	3 Lúnasa, 1979
An tAcht um an Ochtú Leasú ar an mBunreacht, 1983 [*Admhaíodh ceart na mbeo gan breith chun a mbeatha, ag féachaint go cuí do chomhcheart na máthar chun a beatha.*]	7 Deireadh Fómhair, 1983
An tAcht um an Naoú Leasú ar an mBunreacht, 1984 [*Leathnaíodh an ceart vótála i dtoghcháin Dála chuig náisiúnaigh áirithe neamh-Éireannacha.*]	2 Lúnasa, 1984
An tAcht um an Deichiú Leasú ar an mBunreacht, 1987 [*Ceadaíodh don Stát an Ionstraim Eorpach Aonair a dhaingniú.*]	22 Meitheamh, 1987
An tAcht um an Aonú Leasú Déag ar an mBunreacht, 1992 [*Ceadaíodh don Stát an Conradh ar an Aontas Eorpach (Maastricht) a dhaingniú agus a bheith ina chomhalta den aontas sin.*]	16 Iúil, 1992
Níl aon Dóú Leasú Déag ann. Ar an 25 Samhain, 1992, cuireadh trí thogra faoi bhráid an phobail, an Dóú Leasú Déag, an Tríú Leasú Déag agus an Ceathrú Leasú Déag. Dhiúltaigh an pobal don Dóú Leasú Déag (a bhain le ceart na mbeo gan breith chun a mbeatha) agus thoiligh siad leis an Tríú Leasú Déag agus leis an gCeathrú Leasú Déag (thíos).	

Thirteenth Amendment of the Constitution Act, 1992 [*Provided that Article 40.3.3° (the right to life of the unborn) would not limit freedom to travel between Ireland and another state.*]	23 December, 1992
Fourteenth Amendment of the Constitution Act, 1992 [*Provided that Article 40.3.3° (the right to life of the unborn) would not limit freedom to obtain or make available information relating to services lawfully available in another state.*]	23 December, 1992
Fifteenth Amendment of the Constitution Act, 1995 [*Provided for the dissolution of marriage in certain specified circumstances.*]	17 June, 1996
Sixteenth Amendment of the Constitution Act, 1996 [*Provided for the refusal of bail by a court to a person charged with a serious offence where it is reasonably considered necessary to prevent the commission of a serious offence by that person.*]	12 December, 1996
Seventeenth Amendment of the Constitution Act, 1997 [*Provided that the confidentiality of discussions at meetings of the Government would be respected save only where the High Court, in certain specified circumstances, determined that disclosure should be made.*]	14 November, 1997
Eighteenth Amendment of the Constitution Act, 1998 [*Allowed the State to ratify the Treaty of Amsterdam.*]	3 June, 1998

An tAcht um an Tríú Leasú Déag ar an mBunreacht, 1992 [*Rinneadh socrú nach dteorannódh Airteagal 40.3.3° (ceart na mbeo gan breith chun a mbeatha) saoirse chun taisteal idir Éire agus stát eile.*]	23 Nollaig, 1992
An tAcht um an gCeathrú Leasú Déag ar an mBunreacht, 1992 [*Rinneadh socrú nach dteorannódh Airteagal 40.3.3° (ceart na mbeo gan breith chun a mbeatha) saoirse chun faisnéis a fháil nó a chur ar fáil maidir le seirbhísí atá ar fáil go dleathach i stát eile.*]	23 Nollaig, 1992
An tAcht um an gCúigiú Leasú Déag ar an mBunreacht, 1995 [*Rinneadh socrú maidir le pósadh a scaoileadh in imthosca sonraithe áirithe.*]	17 Meitheamh, 1996
An tAcht um an Séú Leasú Déag ar an mBunreacht, 1996 [*Rinneadh socrú chun go bhféadfadh cúirt bannaí a dhiúltú do dhuine atá cúisithe i gcion tromaí sa chás go measfar le réasún é a bheith riachtanach chun an duine sin a chosc ar chion tromaí a dhéanamh.*]	12 Nollaig, 1996
An tAcht um an Seachtú Leasú Déag ar an mBunreacht, 1997 [*Rinneadh socrú go ndéanfaí rúndacht na bpléití ag cruinnithe den Rialtas a urramú ach amháin i gcás ina gcinnfeadh an Ard-Chúirt, in imthosca sonraithe áirithe, gur ceart nochtadh a dhéanamh.*]	14 Samhain, 1997
An tAcht um an Ochtú Leasú Déag ar an mBunreacht, 1998 [*Ceadaíodh don Stát Conradh Amstardam a dhaingniú.*]	3 Meitheamh, 1998

Nineteenth Amendment of the Constitution Act, 1998 [*Allowed the State to consent to be bound by the British-Irish Agreement done at Belfast on 10 April 1998 and provided that certain further amendments to the Constitution, notably to Articles 2 and 3, would come into effect when that agreement entered into force.*]	3 June, 1998
Twentieth Amendment of the Constitution Act, 1999 [*Provided constitutional recognition of the role of local government and that local elections are held at least every five years.*]	23 June, 1999
Twenty-first Amendment of the Constitution Act, 2001 [*Prohibited the death penalty and provided for the removal of references to the death penalty.*]	27 March, 2002
There is no Twenty-second Amendment. The Twenty-second Amendment of the Constitution Bill, 2001 [*relating to the removal of a judge from office and providing for a body to be established by law to investigate or cause to be investigated conduct constituting misbehaviour by a judge or affected by incapacity of a judge*] *was not passed by the Houses of the Oireachtas.*	
Twenty-third Amendment of the Constitution Act, 2001 [*Allowed the State to ratify the Rome Statute of the International Criminal Court.*]	27 March, 2002

An tAcht um an Naoú Leasú Déag ar an mBunreacht, 1998 [*Ceadaíodh don Stát a thoiliú a bheith faoi cheangal ag Comhaontú na Breataine-na hÉireann, arna dhéanamh i mBéal Feirste an 10 Aibreán, 1998, agus rinneadh socrú go mbeadh éifeacht ag leasuithe breise ar an mBunreacht, go háirithe ar Airteagail 2 agus 3, nuair a bheadh feidhm ag an gcomhaontú sin.*]	3 Meitheamh, 1998
An tAcht um an bhFichiú Leasú ar an mBunreacht, 1999 [*Rinneadh socrú maidir le haitheantas bunreachta don ról atá ag rialtas áitiúil agus go ndéanfar toghcháin áitiúla gach cúig bliana ar a laghad.*]	23 Meitheamh, 1999
An tAcht um an Aonú Leasú is Fiche ar an mBunreacht, 2001 [*Toirmeasc ar phionós an bháis agus tagairtí a bhaineann le pionós an bháis a scriosadh.*]	27 Márta, 2002
Níl aon Dóú Leasú is Fiche ar an mBunreacht ann. Níor rith Tithe an Oireachtais an Bille um an Dóú Leasú is Fiche ar an mBunreacht, 2001 [a bhain le breitheamh a chur as oifig agus ina raibh socrú maidir le comhlacht a bhunú le dlí chun imscrúdú a dhéanamh, nó chun a chur faoi deara imscrúdú a dhéanamh, ar iompar is mí-iompar ag breitheamh nó ar iompar dá ndéanann éagumas ar thaobh breithimh difear dó].	
An tAcht um an Tríú Leasú is Fiche ar an mBunreacht, 2001 [*Ceadaíodh don Stát Reacht na Róimhe den Chúirt Choiriúil Idirnáisiúnta a dhaingniú.*]	27 Márta, 2002

There is no Twenty-fourth Amendment. On 7 June, 2001, three proposals were put to the people, the Twenty-first, Twenty-third and Twenty-fourth Amendments. The people rejected the Twenty-fourth [which dealt with the Treaty of Nice] and approved the Twenty-first and Twenty-third (above).

There is no Twenty-fifth Amendment. On 6 March, 2002, a proposal for the Twenty-fifth Amendment to the Constitution was put to the people and was rejected [Protection of Human Life in Pregnancy.]

Twenty-sixth Amendment of the Constitution Act, 2002 [*Allowed the State to ratify the Treaty of Nice.*]	7 November, 2002
Twenty-seventh Amendment of the Constitution Act 2004 [*Irish citizenship of children of non-national parents*]	24 June, 2004
Twenty-Eighth Amendment of the Constitution (Treaty of Lisbon) Act 2009 [*Allowed the State to ratify the Treaty of Lisbon*]	15 October, 2009
Twenty-Ninth Amendment of the Constitution (Judges' Remuneration) Act 2011 [*Amended section 5 of Article 35 of the Constitution*]	17 November, 2011
Thirtieth Amendment of the Constitution (Treaty on Stability, Co-ordination and Governance in the Economic and Monetary Union) Act 2012 [*Allowed the State to ratify the Treaty on Stability, Co-ordination and Governance in the Economic and Monetary Union*]	27 June, 2012

Níl aon Cheathrú Leasú is Fiche ar an mBunreacht ann. Ar an 7 Meitheamh, 2001, cuireadh trí thogra faoi bhráid an phobail, is é sin le rá, an tAonú Leasú is Fiche, an Tríú Leasú is Fiche agus an Ceathrú Leasú is Fiche. Dhiúltaigh an pobal don Ceathrú Leasú is Fiche [a dhéileáil le Conradh Nice] agus thoiligh an pobal leis an Aonú Leasú is Fiche agus leis an Tríú Leasú is Fiche (thuas).	
Níl aon Chúigiú Leasú is Fiche ann. Ar an 6 Márta, 2002, cuireadh togra maidir leis an gCúigiú Leasú is Fiche ar an mBunreacht faoi bhráid an phobail agus diúltaíodh dó [Beatha Dhaonna le linn Toirchis a Chosaint.]	
An tAcht um an Séú Leasú is Fiche ar an mBunreacht, 2002. [*Ceadaíodh don Stát Conradh Nice a dhaingniú.*]	7 Samhain, 2002
An tAcht um an Seachtú Leasú is Fiche ar an mBunreacht, 2004. [*Saoránacht leanaí a bhfuil tuismitheoiri acu nach náisiúnaigh iad*].	24 Meitheamh, 2004
An tAcht um an Ochtú Leasú is Fiche ar an mBunreacht (Conradh Liospóin) 2009 [*Lenar ceadaíodh don Stát Conradh Liospóin a dhaingniú*].	15 Deireadh Fómhair, 2009
An tAcht um an Naoú Leasú is Fiche ar an mBunreacht (Luach Saothair Breithiúna), 2011 [*alt 5 d'Airteagal 35 den Bhunreacht*]	17 Samhain, 2011
An tAcht um an Tríochadú Leasú ar an mBunreacht (An Conradh ar Chobhsaíocht, ar Chomhordú agus ar Rialachas san Aontas Eacnamaíoch agus Airgeadaíochta), 2012 [*Lenar ceadaíodh don Stát Conradh ar Chobhsaíocht, ar Chomhordú agus ar Rialachas san Aontas Eacnamaíoch agus Airgeadaíochta a dhaingniú*].	27 Meitheamh, 2012

Thirty-first Amendment of the Constitution (Children) Act 2012 [*Provided for an Article expressly relating to children*].	28 April, 2015
There is no Thirty-second Amendment. On 4 October 2013, a proposal for the Thirty-second Amendment to the Constitution was put to the people and was rejected [*Abolition of Seanad Eireann*].	
Thirty-third Amendment of the Constitution (Court of Appeal) Act 2013 [*Provided for the establishment of a Court of Appeal*].	1 November, 2013
Thirty-fourth Amendment of the Constitution (Marriage Equality) Act 2015 [*provided that two persons may marry without distinction as to their sex]*.	29 August, 2015

An tAcht um an Aonú Leasú is Tríocha ar an mBunreacht (Leanaí), 2012 [*arna fhoráil d'Airteagal a bhaineann go sainráite le leanaí*].	28 Aibreán, 2015
Níl aon Dara Leasú is Tríocha ann. Ar an 4 Deireadh Fómhair 2013, cuireadh togra maidir leis an Dara Leasú is Tríocha a dhéanamh ar an mBunreacht [Deireadh a chur le Seanad Éireann] os comhair na ndaoine agus diúltaíodh dó.	
An tAcht um an Tríú Leasú is Tríocha ar an mBunreacht (Cúirt Achomhairc), 2013 [*Rinneadh socrú chun Cúirt Achomhairc a bhunú*].	1 Samhain, 2013
An tAcht um an gCeathrú Leasú is Tríocha ar an mBunreacht (Comhionannas Pósta), 2015 [*arna fhoráil a dhéanamh go bhféadfaidh beirt, gan beann ar a ngnéas, conradh pósta a dhéanamh de réir dlí]*.	29 Lúnasa, 2015

Contents

Articles		*Page*
	Preamble	2
1-3	The Nation	4
4-11	The State	6
12-14	The President	14
15-27	The National Parliament	36
15	Constitution and Powers	36
16-17	Dáil Éireann	46
18-19	Seanad Éireann	54
20-27	Legislation	62
28	The Government	94
28A	Local Government	106
29	International Relations	108
30	The Attorney General	120
31-32	The Council of State	124
33	The Comptroller and Auditor General	130
34-37	The Courts	132
38-39	Trial Of Offences	148
40-44	Fundamental Rights	152
40	Personal Rights	152
41	The Family	162
42	Education	166
42A	Children	170
43	Private Property	172
44	Religion	174
45	Directive Principles of Social Policy	176
46	Amendment of the Constitution	182
47	The Referendum	184
48-50	Repeal of Constitution of Saorstát Éireann and Continuance of Laws	186
	Index	217

Clár

Airteagail		*Leathanach*
	Brollach	3
1-3	An Náisiún	5
4-11	An Stát	7
12-14	An tUachtarán	15
15-27	An Pharlaimint Náisiúnta	37
15	Comhdhéanamh agus Cumhachtaí	37
16-17	Dáil Éireann	47
18-19	Seanad Éireann	55
20-27	Reachtaíocht	63
28	An Rialtas	95
28A	Rialtas Áitiúil	107
29	Caidreamh Idirnáisiúnta	109
30	An tArd-Aighne	121
31-32	An Chomhairle Stáit	125
33	An tArd-Reachtaire Cuntas agus Ciste	131
34-37	Na Cúirteanna	133
38-39	Triail i gCionta	149
40-44	Bunchearta	153
40	Cearta Pearsanta	153
41	An Teaghlach	163
42	Oideachas	167
42A	Leanaí	171
43	Maoin Phríobháideach	173
44	Creideamh	175
45	Buntreoracha do Bheartas Chomhdhaonnach	177
46	An Bunreacht a Leasú	183
47	An Reifreann	185
48-50	Bunreacht Shaorstát Éireann a Aisghairm agus Dlíthe a Bhuanú	187
	Treoir	192

Bunreacht na hÉireann

Constitution of Ireland

BUNREACHT NA hÉIREANN

In the Name of the Most Holy Trinity, from Whom is all authority and to Whom, as our final end, all actions both of men and States must be referred,

We, the people of Éire,

Humbly acknowledging all our obligations to our Divine Lord, Jesus Christ, Who sustained our fathers through centuries of trial,

Gratefully remembering their heroic and unremitting struggle to regain the rightful independence of our Nation,

And seeking to promote the common good, with due observance of Prudence, Justice and Charity, so that the dignity and freedom of the individual may be assured, true social order attained, the unity of our country restored, and concord established with other nations,

Do hereby adopt, enact, and give to ourselves this Constitution.

Bunreacht na hÉireann

In Ainm na Tríonóide Ró-Naofa is tobar don uile údarás agus gur chuici, ós í is críoch dheireanach dúinn, is dírithe ní amháin gníomhartha daoine ach gníomhartha Stát,

Ar mbeith dúinne, muintir na hÉireann, ag admháil go huiríseal a mhéid atáimid faoi chomaoin ag Íosa Críost, ár dTiarna Dia, a thug comhfhurtacht dár sinsir i ngach cruatan ina rabhadar ar feadh na gcéadta bliain,

Agus ar mbeith dúinn ag cuimhneamh go buíoch ar a chalmacht a rinneadarsan troid gan staonadh chun an neamhspleáchas is dual dár Náisiún a bhaint amach,

Agus ar mbeith dúinn á chur romhainn an mhaitheas phoiblí a chur ar aghaidh maille le Críonnacht agus le hIonracas agus le Carthanacht de réir mar is cuí, ionas go dtiocfaidh linn a uaisleacht agus a shaoirse a chur in áirithe do gach aon duine, saol ceart comhdhaonnach a bhunú, aiseag a haontachta a thabhairt dár dtír, agus comhcharadra a dhéanamh le náisiúin eile,

Atáimid leis seo ag gabháil an Bhunreachta seo chugainn, agus á achtú agus á thíolacadh dúinn féin.

THE NATION

ARTICLE 1

The Irish nation hereby affirms its inalienable, indefeasible, and sovereign right to choose its own form of Government, to determine its relations with other nations, and to develop its life, political, economic and cultural, in accordance with its own genius and traditions.

ARTICLE 2

It is the entitlement and birthright of every person born in the island of Ireland, which includes its islands and seas, to be part of the Irish Nation. That is also the entitlement of all persons otherwise qualified in accordance with law to be citizens of Ireland. Furthermore, the Irish nation cherishes its special affinity with people of Irish ancestry living abroad who share its cultural identity and heritage.

ARTICLE 3

1 It is the firm will of the Irish Nation, in harmony and friendship, to unite all the people who share the territory of the island of Ireland, in all the diversity of their identities and traditions, recognis-

An Náisiún

Airteagal 1

Deimhníonn náisiún na hÉireann leis seo a gceart doshannta, dochloíte, ceannasach chun cibé cineál Rialtais is rogha leo féin a bhunú, chun a gcaidreamh le náisiúin eile a chinneadh, agus chun a saol polaitíochta is geilleagair is saíochta a chur ar aghaidh de réir dhúchais is gnás a sinsear.

Airteagal 2

Tá gach duine a shaolaítear in oileán na hÉireann, ar a n-áirítear a oileáin agus a fharraigí, i dteideal, agus tá de cheart oidhreachta aige nó aici, a bheith páirteach i náisiún na hÉireann. Tá an teideal sin freisin ag na daoine go léir atá cáilithe ar shlí eile de réir dlí chun bheith ina saoránaigh d'Éirinn. Ina theannta sin, is mór ag náisiún na hÉireann a choibhneas speisialta le daoine de bhunadh na hÉireann atá ina gcónaí ar an gcoigríoch agus arb ionann féiniúlacht agus oidhreacht chultúir dóibh agus do náisiún na hÉireann.

Airteagal 3

1 Is í toil dhiongbháilte náisiún na hÉireann, go sítheach cairdiúil, na daoine go léir a chomhroinneann críoch oileán na hÉireann i bpáirt lena chéile, in éagsúlacht uile a bhféiniúlachtaí agus

Article 3 *(continued)*

ing that a united Ireland shall be brought about only by peaceful means with the consent of a majority of the people, democratically expressed, in both jurisdictions in the island. Until then, the laws enacted by the Parliament established by this Constitution shall have the like area and extent of application as the laws enacted by the Parliament that existed immediately before the coming into operation of this Constitution.

2 Institutions with executive powers and functions that are shared between those jurisdictions may be established by their respective responsible authorities for stated purposes and may exercise powers and functions in respect of all or any part of the island.

The State

Article 4

The name of the State is *Éire*, or, in the English language, *Ireland*.

Article 5

Ireland is a sovereign, independent, democratic state.

Airteagal 3 *(ar leanúint)*

a dtraidisiún, a aontú, á aithint gur trí mhodhanna síochánta amháin le toiliú thromlach na ndaoine, á chur in iúl go daonlathach, sa dá dhlínse san oileán, a dhéanfar Éire aontaithe a thabhairt i gcrích. Go dtí sin, bainfidh na dlíthe a achtófar ag an bParlaimint a bhunaítear leis an mBunreacht seo leis an limistéar feidhme céanna, agus beidh an raon feidhme céanna acu, lenar bhain na dlíthe, agus a bhí ag na dlíthe, a d'achtaigh an Pharlaimint a bhí ar marthain díreach roimh theacht i ngníomh don Bhunreacht seo.

2 Féadfaidh údaráis fhreagracha faoi seach na ndlínsí sin institiúidí ag a mbeidh cumhachtaí agus feidhmeanna feidhmiúcháin a chomhroinntear idir na dlínsí sin a bhunú chun críoch sonraithe agus féadfaidh na hinstitiúidí sin cumhachtaí agus feidhmeanna a fheidhmiú i leith an oileáin ar fad nó i leith aon chuid de.

An Stát

Airteagal 4

Éire is ainm don Stát nó, sa Sacs-Bhéarla, *Ireland*.

Airteagal 5

Is Stát ceannasach, neamhspleách, daonlathach Éire.

ARTICLE 6

1 All powers of government, legislative, executive and judicial, derive, under God, from the people, whose right it is to designate the rulers of the State and, in final appeal, to decide all questions of national policy, according to the requirements of the common good.

2 These powers of government are exercisable only by or on the authority of the organs of State established by this Constitution.

ARTICLE 7

The national flag is the tricolour of green, white and orange.

ARTICLE 8

1 The Irish language as the national language is the first official language.

2 The English language is recognised as a second official language.

3 Provision may, however, be made by law for the exclusive use of either of the said languages for any one or more official purposes, either throughout the State or in any part thereof.

Airteagal 6

1 Is ón bpobal, faoi Dhia, a thagas gach cumhacht riala, idir reachtaíocht is comhallacht is breithiúnas, agus is ag an bpobal atá sé de cheart rialtóirí an Stáit a cheapadh, agus is faoin bpobal faoi dheoidh atá gach ceist i dtaobh beartas an Náisiúin a shocrú de réir mar is gá chun leasa an phobail.

2 Is leis na horgain Stáit a chuirtear ar bun leis an mBunreacht seo, agus leo sin amháin nó lena n-údarás, is féidir na cumhachtaí riala sin a oibriú.

Airteagal 7

An bhratach trí dhath .i. uaine, bán, agus flannbhuí, an suaitheantas náisiúnta.

Airteagal 8

1 Ós í an Ghaeilge an teanga náisiúnta is í an phríomhtheanga oifigiúil í.

2 Glactar leis an Sacs-Bhéarla mar theanga oifigiúil eile.

3 Ach féadfar socrú a dhéanamh le dlí d'fhonn ceachtar den dá theanga sin a bheith ina haonteanga le haghaidh aon ghnó nó gnóthaí oifigiúla ar fud an Stáit ar fad nó in aon chuid de.

ARTICLE 9

1 1° On the coming into operation of this Constitution any person who was a citizen of Saorstát Éireann immediately before the coming into operation of this Constitution shall become and be a citizen of Ireland.

2° The future acquisition and loss of Irish nationality and citizenship shall be determined in accordance with law.

3° No person may be excluded from Irish nationality and citizenship by reason of the sex of such person.

2 1° Notwithstanding any other provision of this Constitution, a person born in the island of Ireland, which includes its islands and seas, who does not have, at the time of the birth of that person, at least one parent who is an Irish citizen or entitled to be an Irish citizen is not entitled to Irish citizenship or nationality, unless provided for by law.

2° This section shall not apply to persons born before the date of the enactment of this section,

3 Fidelity to the nation and loyalty to the State are fundamental political duties of all citizens.

Airteagal 9

1 1° Ar theacht i ngníomh don Bhunreacht seo is saoránach d'Éirinn aon duine ba shaoránach de Shaorstát Éireann díreach roimh theacht i ngníomh don Bhunreacht seo.

2° Is de réir dlí a chinnfear fáil agus cailleadh náisiúntacht agus saoránacht Éireann feasta.

3° Ní cead náisiúntacht agus saoránacht Éireann a cheilt ar dhuine ar bith toisc gur fireann nó toisc gur baineann an duine sin.

2 1° D'ainneoin aon fhorála eile den Bhunreacht seo, maidir le duine a shaolaítear in oileán na hÉireann, ar a n-áirítear a oileáin agus a fharraigí, agus nach bhfuil aige nó aici, an tráth a shaolaítear an duine sin, tuismitheoir amháin ar a laghad is saoránach d'Éirinn nó atá i dteideal a bheith ina shaoránach nó ina saoránach d'Éirinn, níl teideal ag an duine sin chun saoránacht nó náisiúntacht Éireann, mura ndéanfar socrú ina chomhair sin le dlí.

2° Ní bhainfidh an t-alt seo le daoine a saolaíodh roimh dháta achtaithe an ailt seo.

3 Is bundualgas polaitiúil ar gach saoránach bheith dílis don náisiún agus tairiseach don Stát.

Article 10

1 All natural resources, including the air and all forms of potential energy, within the jurisdiction of the Parliament and Government established by this Constitution and all royalties and franchises within that jurisdiction belong to the State subject to all estates and interests therein for the time being lawfully vested in any person or body.

2 All land and all mines, minerals and waters which belonged to Saorstát Éireann immediately before the coming into operation of this Constitution belong to the State to the same extent as they then belonged to Saorstát Éireann.

3 Provision may be made by law for the management of the property which belongs to the State by virtue of this Article and for the control of the alienation, whether temporary or permanent, of that property.

4 Provision may also be made by law for the management of land, mines, minerals and waters acquired by the State after the coming into operation of this Constitution and for the control of the alienation, whether temporary or permanent, of the land, mines, minerals and waters so acquired.

Airteagal 10

1 Gach ábhar maoine nádúrtha, mar aon leis an aer agus gach ábhar fuinnimh, dá bhfuil faoi dhlínse na Parlaiminte agus an Rialtais a bhunaítear leis an mBunreacht seo, maille le gach ríchíos agus díolúine dá bhfuil faoin dlínse sin, is leis an Stát iad uile, gan dochar do cibé eastáit agus leasanna is le haon duine nó le haon dream go dleathach in alt na huaire.

2 Gach talamh agus gach mianach, mianra, agus uisce ba le Saorstát Éireann díreach roimh theacht i ngníomh don Bhunreacht seo is leis an Stát iad uile sa mhéid go mba le Saorstát Éireann an uair sin iad.

3 Féadfar socrú a dhéanamh le dlí chun bainistí a dhéanamh ar an maoin is leis an Stát de bhua an Airteagail seo, agus chun sannadh buan nó sannadh sealadach na maoine sin a rialú.

4 Féadfar socrú a dhéanamh le dlí, fairis sin, chun bainistí a dhéanamh ar thalamh, ar mhianaigh, ar mhianraí agus ar uiscí a thiocfas i seilbh an Stáit d'éis teacht i ngníomh don Bhunreacht seo, agus chun sannadh buan nó sannadh sealadach na talún, na mianach, na mianraí agus na n-uiscí a thiocfas ina sheilbh amhlaidh a rialú.

ARTICLE 11

All revenues of the State from whatever source arising shall, subject to such exception as may be provided by law, form one fund, and shall be appropriated for the purposes and in the manner and subject to the charges and liabilities determined and imposed by law.

THE PRESIDENT

ARTICLE 12

1 There shall be a President of Ireland (Uachtarán na hÉireann), hereinafter called the President, who shall take precedence over all other persons in the State and who shall exercise and perform the powers and functions conferred on the President by this Constitution and by law.

2 1° The President shall be elected by direct vote of the people.

2° Every citizen who has the right to vote at an election for members of Dáil Éireann shall have the right to vote at an election for President.

AIRTEAGAL 11

Ní foláir cíos uile an Stáit cibé bunadh atá leis, ach amháin an chuid sin de ar a ndéantar eisceacht le dlí, a chur in aon chiste amháin agus é a leithghabháil chun na gcríocha agus ar an modh, a chinntear le dlí agus faoi chuimsiú na muirear agus na bhféichiúnas a ghearrtar le dlí.

AN tUACHTARÁN

AIRTEAGAL 12

1 Beidh Uachtarán ar Éirinn (.i. Uachtarán na hÉireann), ar a dtugtar an tUachtarán sa Bhunreacht seo feasta; beidh tosach aige ar gach uile dhuine sa Stát, agus ní foláir dó na cumhachtaí agus na feidhmeanna a bheirtear don Uachtarán leis an mBunreacht seo agus le dlí a oibriú agus a chomhlíonadh.

2 1° Le vóta lomdíreach an phobail a thoghfar an tUachtarán.

2° Gach saoránach ag a bhfuil ceart vótála i dtoghchán do chomhaltaí de Dháil Éireann, beidh ceart vótála aige i dtoghchán don Uachtarán.

ARTICLE 12 *(continued)*

3° The voting shall be by secret ballot and on the system of proportional representation by means of the single transferable vote.

3 1° The President shall hold office for seven years from the date upon which he enters upon his office, unless before the expiration of that period he dies, or resigns, or is removed from office, or becomes permanently incapacitated, such incapacity being established to the satisfaction of the Supreme Court consisting of not less than five judges.

2° A person who holds, or who has held, office as President, shall be eligible for re-election to that office once, but only once.

3° An election for the office of President shall be held not later than, and not earlier than the sixtieth day before, the date of the expiration of the term of office of every President, but in the event of the removal from office of the President or of his death, resignation, or permanent incapacity established as aforesaid (whether occurring before or after he enters upon his office), an election for the office of President shall be held within sixty days after such event.

4 1° Every citizen who has reached his thirty-fifth year of age is eligible for election to the office of President.

Airteagal 12 *(ar leanúint)*

3° Is le rúnbhallóid agus de réir na hionadaíochta cionúire agus ar mhodh an aonghutha inaistrithe a dhéanfar an vótáil.

3 1° Beidh an tUachtarán i seilbh oifige go ceann seacht mbliana ón lá a rachaidh i gcúram a oifige mura dtarlaí roimh dheireadh an téarma sin go n-éagfaidh nó go n-éireoidh as oifig nó go gcuirfear as oifig é, nó go ngabhfaidh míthreoir bhuan é agus go suífear sin go sásamh na Cúirte Uachtaraí agus í comhdhéanta de chúigear breitheamh ar a laghad.

2° Duine atá nó a bhí ina Uachtarán, is intofa chun na hoifige sin é aon uair amháin eile, ach sin a mbeidh.

3° Ní foláir toghchán d'oifig an Uachtaráin a dhéanamh lá nach déanaí ná dáta dheireadh théarma oifige gach Uachtaráin ar leith agus nach luaithe ná an seascadú lá roimh an dáta sin, ach má chuirtear an tUachtarán as oifig, nó má tharlaíonn dó (roimh é a dhul i gcúram a oifige nó dá éis sin) é d'éag nó é d'éirí as nó míthreoir bhuan arna suíomh mar a dúradh dá ghabháil, ní foláir toghchán d'oifig an Uachtaráin a dhéanamh taobh istigh de sheasca lá tar éis an ní sin a tharlú.

4 1° Gach saoránach ag a bhfuil cúig bliana tríochad slán, is intofa chun oifig an Uachtaráin é.

ARTICLE 12 *(continued)*

2° Every candidate for election, not a former or retiring President, must be nominated either by:

i not less than twenty persons, each of whom is at the time a member of one of the Houses of the Oireachtas, or

ii by the Councils of not less than four administrative Counties (including County Boroughs) as defined by law.

3° No person and no such Council shall be entitled to subscribe to the nomination of more than one candidate in respect of the same election.

4° Former or retiring Presidents may become candidates on their own nomination.

5° Where only one candidate is nominated for the office of President it shall not be necessary to proceed to a ballot for his election.

5 Subject to the provisions of this Article, elections for the office of President shall be regulated by law.

6 1° The President shall not be a member of either House of the Oireachtas.

Airteagal 12 *(ar leanúint)*

2° Gach iarrthóir d'oifig an Uachtaráin, seachas duine atá nó a bhí ina Uachtarán cheana, is uathu seo a leanas nach foláir a ainmniú a theacht:

i fiche duine ar a laghad agus gach duine faoi leith díobh sin ina chomhalta, in alt na huaire, de Theach de Thithe an Oireachtais, nó

ii Comhairlí ceithre Chontae riaracháin ar a laghad (agus Contae-Bhuirgí a áireamh) mar a mhínítear le dlí.

3° Ní cead d'aon duine ná d'aon Chomhairle díobh sin bheith páirteach in ainmniú breis is aon iarrthóir amháin d'oifig an Uachtaráin san aontoghchán.

4° Tig le haon duine atá nó a bhí ina Uachtarán é féin a ainmniú d'oifig an Uachtaráin.

5° Nuair nach n-ainmnítear d'oifig an Uachtaráin ach aon iarrthóir amháin, ní gá vótáil chun é a thoghadh.

5 Faoi chuimsiú forálacha an Airteagail seo is le dlí a rialófar toghcháin d'oifig an Uachtaráin.

6 1° Ní cead an tUachtarán a bheith ina chomhalta de Dháil Éireann ná de Sheanad Éireann.

ARTICLE 12 *(continued)*

2° If a member of either House of the Oireachtas be elected President, he shall be deemed to have vacated his seat in that House.

3° The President shall not hold any other office or position of emolument.

7 The first President shall enter upon his office as soon as may be after his election, and every subsequent President shall enter upon his office on the day following the expiration of the term of office of his predecessor or as soon as may be thereafter or, in the event of his predecessor's removal from office, death, resignation, or permanent incapacity established as provided by section 3 hereof, as soon as may be after the election.

8 The President shall enter upon his office by taking and subscribing publicly, in the presence of members of both Houses of the Oireachtas, of Judges of the Supreme Court, of the Court of Appeal and of the High Court, and other public personages, the following declaration:

"In the presence of Almighty God I
do solemnly and sincerely promise and declare that I will maintain the Constitution of Ireland

Airteagal 12 *(ar leanúint)*

2° Má thoghtar comhalta de cheachtar de Thithe an Oireachtais chun bheith ina Uachtarán, ní foláir a mheas go bhfuil scartha aige le comhaltas an Tí sin.

3° Ní cead don Uachtarán aon oifig ná post sochair a bheith aige seachas a oifig Uachtaráin.

7 Ní foláir don chéad Uachtarán dul i gcúram a oifige chomh luath agus is féidir é tar éis é a thoghadh, agus ní foláir do gach Uachtarán dá éis sin dul i gcúram a oifige an lá i ndiaidh deireadh théarma oifige a réamhtheachtaí nó chomh luath agus is féidir é dá éis sin nó, má tharlaíonn dá réamhtheachtaí go gcuirfear as oifig é nó go n-éagfaidh nó go n-éireoidh as oifig nó neachtar acu go ngabhfaidh míthreoir bhuan é agus go suífear sin mar a shocraítear le halt 3 den Airteagal seo, chomh luath agus is féidir é tar éis an toghcháin.

8 Is é slí a rachaidh an tUachtarán i gcúram a oifige ná leis an dearbhú seo a leanas a dhéanamh go poiblí agus a lámh a chur leis i bhfianaise chomhaltaí den dá Theach den Oireachtas, agus breithiúna den Chúirt Uachtarach, den Chúirt Achomhairc agus den Ard-Chúirt agus maithe poiblí eile:

"I láthair Dia na nUilechumhacht, táimse, , á ghealladh agus á dhearbhú go sollúnta is go fírinneach bheith i mo

ARTICLE 12 *(continued)*

and uphold its laws, that I will fulfil my duties faithfully and conscientiously in accordance with the Constitution and the law, and that I will dedicate my abilities to the service and welfare of the people of Ireland. May God direct and sustain me."

9 The President shall not leave the State during his term of office save with the consent of the Government.

10 1° The President may be impeached for stated misbehaviour.

2° The charge shall be preferred by either of the Houses of the Oireachtas, subject to and in accordance with the provisions of this section.

3° A proposal to either House of the Oireachtas to prefer a charge against the President under this section shall not be entertained unless upon a notice of motion in writing signed by not less than thirty members of that House.

4° No such proposal shall be adopted by either of the Houses of the Oireachtas save upon a resolution of that House supported by not less than two-thirds of the total membership thereof.

AIRTEAGAL 12 *(ar leanúint)*

thaca agus i mo dhídin do Bhunreacht Éireann, agus a dlíthe a chaomhnú, mo dhualgais a chomhlíonadh go dílis coinsiasach de réir an Bhunreachta is an dlí, agus mo lándícheall a dhéanamh ar son leasa is fónaimh mhuintir na hÉireann. Dia do mo stiúradh agus do mo chumhdach."

9 Ní cead don Uachtarán imeacht ón Stát le linn é a bheith in oifig, ach amháin le toil an Rialtais.

10 1° Féadfar an tUachtarán a tháinseamh as ucht mí-iompair a luafar.

2° Ceachtar de Thithe an Oireachtais a dhéanfas an cúiseamh agus is faoi chuimsiú agus de réir forálacha an ailt seo a dhéanfar é.

3° Má thairgtear do cheachtar de Thithe an Oireachtais cúis a thabhairt in aghaidh an Uachtaráin faoin alt seo ní cead aird a thabhairt ar an tairiscint sin ach amháin de bharr fógra tairisceana i scríbhinn faoi láimh tríocha comhalta ar a laghad den Teach sin.

4° Ní cead do cheachtar de Thithe an Oireachtais glacadh le haon tairiscint den sórt sin ach amháin de bharr rúin ón Teach sin lena mbeidh tacaíocht dhá thrian ar a laghad dá lánchomhaltas.

Article 12 *(continued)*

5° When a charge has been preferred by either House of the Oireachtas, the other House shall investigate the charge, or cause the charge to be investigated.

6° The President shall have the right to appear and to be represented at the investigation of the charge.

7° If, as a result of the investigation, a resolution be passed supported by not less than two-thirds of the total membership of the House of the Oireachtas by which the charge was investigated, or caused to be investigated, declaring that the charge preferred against the President has been sustained and that the misbehaviour, the subject of the charge, was such as to render him unfit to continue in office, such resolution shall operate to remove the President from his office.

11 1° The President shall have an official residence in or near the City of Dublin.

2° The President shall receive such emoluments and allowances as may be determined by law.

3° The emoluments and allowances of the President shall not be diminished during his term of office.

Airteagal 12 *(ar leanúint)*

5° Má dhéanann ceachtar de Thithe an Oireachtais cúiseamh faoin alt seo ní foláir don Teach eile an chúis a scrúdú nó an chúis a chur á scrúdú.

6° Beidh de cheart ag an Uachtarán bheith i láthair agus lucht tagartha a bheith aige ar an scrúdú sin.

7° Más é toradh an scrúdaithe sin go rithfear rún, le tacaíocht dhá thrian ar a laghad de lánchomhaltas an Tí den Oireachtas a scrúdaigh an chúis nó a chuir an chúis á scrúdú, á dhearbhú gur suíodh an chúis a tugadh in aghaidh an Uachtaráin agus, an mí-iompar ba shiocair don chúiseamh, gur mí-iompar é a bhfuil an tUachtarán neamhoiriúnach dá dheasca chun fanacht i seilbh oifige, is é is feidhm don rún sin an tUachtarán a chur as oifig.

11 1° Beidh stát-áras ag an Uachtarán i gcathair Bhaile Átha Cliath nó ar a chóngar.

2° Gheobhaidh an tUachtarán sochair agus liúntais faoi mar a chinnfear le dlí.

3° Ní cead laghdú a dhéanamh ar shochair ná ar liúntais an Uachtaráin le linn é a bheith in oifig.

ARTICLE 13

1 1° The President shall, on the nomination of Dáil Éireann, appoint the Taoiseach, that is, the head of the Government or Prime Minister.

2° The President shall, on the nomination of the Taoiseach with the previous approval of Dáil Éireann, appoint the other members of the Government.

3° The President shall, on the advice of the Taoiseach, accept the resignation or terminate the appointment of any member of the Government.

2 1° Dáil Éireann shall be summoned and dissolved by the President on the advice of the Taoiseach.

2° The President may in his absolute discretion refuse to dissolve Dáil Éireann on the advice of a Taoiseach who has ceased to retain the support of a majority in Dáil Éireann.

3° The President may at any time, after consultation with the Council of State, convene a meeting of either or both of the Houses of the Oireachtas.

3 1° Every Bill passed or deemed to have been passed by both Houses of the Oireachtas shall require the signature of the President for its enactment into law.

Airteagal 13

1 1° Ceapfaidh an tUachtarán an Taoiseach .i. an Ceann Rialtais nó an Príomh-Aire, arna ainmniú sin ag Dáil Éireann.

2° Arna n-ainmniú ag an Taoiseach le comhaontú Dháil Éireann roimh ré, ceapfaidh an tUachtarán na comhaltaí eile den Rialtas.

3° Ar chomhairle an Taoisigh ní foláir don Uachtarán glacadh le haon chomhalta den Rialtas d'éirí as oifig, nó comhalta ar bith den Rialtas a chur as oifig.

2 1° Is é an tUachtarán, ar chomhairle an Taoisigh, a chomórfas agus a lánscoirfeas Dáil Éireann.

2° Tig leis an Uachtarán, as a chomhairle féin, diúltú do Dháil Éireann a lánscor ar chomhairle Taoisigh nach leanann tromlach i nDáil Éireann de bheith i dtacaíocht leis.

3° Tig leis an Uachtarán uair ar bith, tar éis comhairle a ghlacadh leis an gComhairle Stáit, ceachtar de Thithe an Oireachtais, nó iad araon, a chomóradh.

3 1° Gach Bille a ritear nó a mheastar a ritheadh ag dhá Theach an Oireachtais ní foláir lámh an Uachtaráin a bheith leis chun é a achtú ina dhlí.

ARTICLE 13 *(continued)*

2° The President shall promulgate every law made by the Oireachtas.

4 The supreme command of the Defence Forces is hereby vested in the President.

5 1° The exercise of the supreme command of the Defence Forces shall be regulated by law.

2° All commissioned officers of the Defence Forces shall hold their commissions from the President.

6 The right of pardon and the power to commute or remit punishment imposed by any court exercising criminal jurisdiction are hereby vested in the President, but such power of commutation or remission may also be conferred by law on other authorities.

7 1° The President may, after consultation with the Council of State, communicate with the Houses of the Oireachtas by message or address on any matter of national or public importance.

2° The President may, after consultation with the Council of State, address a message to the Nation at any time on any such matter.

Airteagal 13 *(ar leanúint)*

2° Gach dlí dá ndéanfaidh an tOireachtas ní foláir don Uachtarán é a fhógairt.

4 Leis seo cuirtear na Fórsaí Cosanta faoi ardcheannas an Uachtaráin.

5 1° An t-ardcheannas ar na Fórsaí Cosanta is le dlí a rialófar an modh ar a n-oibreofar é.

2° Is ón Uachtarán a bheidh a ghairm ag gach oifigeach gairme de na Fórsaí Cosanta.

6 Bheirtear don Uachtarán leis seo ceart maithiúnais, agus cumhacht chun maolaithe nó loghtha pionóis a ghearrtar ar dhaoine in aon chúirt dlínse coire, ach féadfar an chumhacht maolaithe nó loghtha sin a thabhairt le dlí d'údaráis eile freisin.

7 1° Tig leis an Uachtarán, tar éis comhairle a ghlacadh leis an gComhairle Stáit, teachtaireacht nó aitheasc a chur faoi bhráid Tithe an Oireachtais i dtaobh aon ní a bhfuil tábhacht náisiúnta nó tábhacht phoiblí ann.

2° Tig leis an Uachtarán uair ar bith, tar éis comhairle a ghlacadh leis an gComhairle Stáit, aitheasc a chur faoi bhráid an Náisiúin i dtaobh aon ní den sórt sin.

ARTICLE 13 *(continued)*

3° Every such message or address must, however, have received the approval of the Government.

8 1° The President shall not be answerable to either House of the Oireachtas or to any court for the exercise and performance of the powers and functions of his office or for any act done or purporting to be done by him in the exercise and performance of these powers and functions.

2° The behaviour of the President may, however, be brought under review in either of the Houses of the Oireachtas for the purposes of section 10 of Article 12 of this Constitution, or by any court, tribunal or body appointed or designated by either of the Houses of the Oireachtas for the investigation of a charge under section 10 of the said Article.

9 The powers and functions conferred on the President by this Constitution shall be exercisable and performable by him only on the advice of the Government, save where it is provided by this Constitution that he shall act in his absolute discretion or after consultation with or in relation to the Council of State, or on the advice or nomination of, or on receipt of any other communication from, any other person or body.

AIRTEAGAL 13 *(ar leanúint)*

3° Ach i ngach cás díobh sin ní foláir an Rialtas a bheith sásta roimh ré leis an teachtaireacht nó leis an aitheasc.

8 1° Níl an tUachtarán freagrach d'aon Teach den Oireachtas ná d'aon chúirt in oibriú is i gcomhlíonadh cumhachtaí is feidhmeanna a oifige ná in aon ghníomh dá ndéanann sé nó a bheireann le tuiscint gur gníomh é a dhéanann sé in oibriú agus i gcomhlíonadh na gcumhachtaí is na bhfeidhmeanna sin.

2° Ach féadfar iompar an Uachtaráin a chur faoi léirmheas i gceachtar de Thithe an Oireachtais chun críocha alt 10 d'Airteagal 12 den Bhunreacht seo, nó ag aon chúirt, binse nó comhlacht a cheapfar nó a ainmneofar ag ceachtar de Thithe an Oireachtais chun cúis faoi alt 10 den Airteagal sin a scrúdú.

9 Taobh amuigh de chás dá socraítear leis an mBunreacht seo go ngníomhóidh an tUachtarán as a chomhairle féin, nó tar éis comhairle a ghlacadh leis an gComhairle Stáit, nó go ngníomhóidh sé i dtaobh ní a bhaineas leis an gComhairle Stáit, nó ar chomhairle nó ainmniú aon duine nó aon dreama eile, nó ar aon scéala eile a fháil ó aon duine nó aon dream eile, is ar chomhairle an Rialtais amháin is cead don Uachtarán na cumhachtaí agus na feidhmeanna a bheirtear dó leis an mBunreacht seo a oibriú is a chomhlíonadh.

ARTICLE 13 *(continued)*

10 Subject to this Constitution, additional powers and functions may be conferred on the President by law.

11 No power or function conferred on the President by law shall be exercisable or performable by him save only on the advice of the Government.

ARTICLE 14

1 In the event of the absence of the President, or his temporary incapacity, or his permanent incapacity established as provided by section 3 of Article 12 hereof, or in the event of his death, resignation, removal from office, or failure to exercise and perform the powers and functions of his office or any of them, or at any time at which the office of President may be vacant, the powers and functions conferred on the President by or under this Constitution shall be exercised and performed by a Commission constituted as provided in section 2 of this Article.

2 1° The Commission shall consist of the following persons, namely, the Chief Justice, the Chairman of Dáil Éireann (An Ceann Comhairle), and the Chairman of Seanad Éireann.

2° The President of the Court of Appeal shall act as a member of the Commission in the place of the

Airteagal 13 *(ar leanúint)*

10 Faoi chuimsiú an Bhunreachta seo féadfar tuilleadh cumhachtaí agus feidhmeanna a thabhairt don Uachtarán le dlí.

11 Ní cead don Uachtarán aon chumhacht ná feidhm dá mbronntar air le dlí a oibriú ná a chomhlíonadh ach amháin ar chomhairle an Rialtais.

Airteagal 14

1 Má bhíonn an tUachtarán as láthair nó má bhíonn ar míthreoir go sealadach, nó má bhíonn ar míthreoir go buan agus go suífear sin mar a shocraítear le halt 3 d'Airteagal 12 den Bhunreacht seo, nó má tharlaíonn é d'éag nó é d'éirí as oifig nó é a chur as oifig, nó má theipeann air cumhachtaí is feidhmeanna a oifige nó aon cheann díobh a oibriú is a chomhlíonadh, nó má bhíonn oifig an Uachtaráin folamh, is Coimisiún a bheas comhdhéanta mar a shocraítear in alt 2 den Airteagal seo a oibreos is a chomhlíonfas na cumhachtaí is na feidhmeanna a bhronntar ar an Uachtarán leis an mBunreacht seo nó faoi.

2 1° Is iad na daoine seo a leanas an Coimisiún, .i. an Príomh-Bhreitheamh, Cathaoirleach Dháil Éireann (An Ceann Comhairle) agus Cathaoirleach Sheanad Éireann.

2° Gníomhóidh Uachtarán na Cúirte Achomhairc ina chomhalta den Choimisiún in ionad an Phríomh-

ARTICLE 14 *(continued)*

Chief Justice on any occasion on which the office of Chief Justice is vacant or on which the Chief Justice is unable to act.

3° The Deputy Chairman of Dáil Éireann shall act as a member of the Commission in the place of the Chairman of Dáil Éireann on any occasion on which the office of Chairman of Dáil Éireann is vacant or on which the said Chairman is unable to act.

4° The Deputy Chairman of Seanad Éireann shall act as a member of the Commission in the place of the Chairman of Seanad Éireann on any occasion on which the office of Chairman of Seanad Éireann is vacant or on which the said Chairman is unable to act.

3 The Commission may act by any two of their number and may act notwithstanding a vacancy in their membership.

4 The Council of State may by a majority of its members make such provision as to them may seem meet for the exercise and performance of the powers and functions conferred on the President by or under this Constitution in any contingency which is not provided for by the foregoing provisions of this Article.

Airteagal 14 *(ar leanúint)*

Bhreithimh aon uair a bheas oifig an Phríomh-Bhreithimh folamh nó a bheas an Príomh-Bhreitheamh gan bheith i gcumas gníomhaithe.

3° Gníomhóidh Leas-Chathaoirleach Dháil Éireann ina chomhalta den Choimisiún in ionad Chathaoirleach Dháil Éireann aon uair a bheas oifig Chathaoirleach Dháil Éireann folamh nó a bheas an Cathaoirleach sin gan bheith i gcumas gníomhaithe.

4° Gníomhóidh Leas-Chathaoirleach Sheanad Éireann ina chomhalta den Choimisiún in ionad Chathaoirleach Sheanad Éireann aon uair a bheas oifig Chathaoirleach Sheanad Éireann folamh nó a bheas an Cathaoirleach sin gan bheith i gcumas gníomhaithe.

3 Is dleathach don Choimisiún gníomhú trí bheirt ar bith dá líon agus gníomhú d'ainneoin folúntais ina gcomhaltas.

4 Féadfaidh an Chomhairle Stáit, le tromlach dá gcomhaltaí, cibé socrú is oircheas leo a dhéanamh chun na cumhachtaí agus na feidhmeanna a bhronntar ar an Uachtarán leis an mBunreacht seo nó faoi a oibriú is a chomhlíonadh in aon chás nach ndéantar socrú ina chomhair leis na forálacha sin romhainn den Airteagal seo.

Article 14 *(continued)*

5 1° The provisions of this Constitution which relate to the exercise and performance by the President of the powers and functions conferred on him by or under this Constitution shall subject to the subsequent provisions of this section apply to the exercise and performance of the said powers and functions under this Article.

2° In the event of the failure of the President to exercise or perform any power or function which the President is by or under this Constitution required to exercise or perform within a specified time, the said power or function shall be exercised or performed under this Article, as soon as may be after the expiration of the time so specified.

The National Parliament

CONSTITUTION AND POWERS

Article 15

1 1° The National Parliament shall be called and known, and is in this Constitution generally referred to, as the Oireachtas.

Airteagal 14 *(ar leanúint)*

5 1° Na forálacha den Bhunreacht seo a bhaineas leis an Uachtarán d'oibriú is do chomhlíonadh na gcumhachtaí is na bhfeidhmeanna a bhronntar air leis an mBunreacht seo nó faoi bainfid, faoi chuimsiú na bhforálacha inár ndiaidh den alt seo, le hoibriú is le comhlíonadh na gcumhachtaí is na bhfeidhmeanna sin faoin Airteagal seo.

2° Má theipeann ar an Uachtarán aon chumhacht nó feidhm a oibriú nó a chomhlíonadh nach foláir dó, de réir an Bhunreachta seo nó faoi, í a oibriú nó a chomhlíonadh faoi cheann aimsire a luaitear, ní foláir í a oibriú nó a chomhlíonadh faoin Airteagal seo chomh luath agus is féidir é tar éis na haimsire a luaitear amhlaidh.

An Pharlaimint Náisiúnta

COMHDHÉANAMH AGUS CUMHACHTAÍ

Airteagal 15

1 1° An tOireachtas is ainm don Pharlaimint Náisiúnta, agus sin é a bheirtear uirthi de ghnáth sa Bhunreacht seo.

Article 15 *(continued)*

2° The Oireachtas shall consist of the President and two Houses, viz.: a House of Representatives to be called Dáil Éireann and a Senate to be called Seanad Éireann.

3° The Houses of the Oireachtas shall sit in or near the City of Dublin or in such other place as they may from time to time determine.

2 1° The sole and exclusive power of making laws for the State is hereby vested in the Oireachtas: no other legislative authority has power to make laws for the State.

2° Provision may however be made by law for the creation or recognition of subordinate legislatures and for the powers and functions of these legislatures.

3 1° The Oireachtas may provide for the establishment or recognition of functional or vocational councils representing branches of the social and economic life of the people.

2° A law establishing or recognising any such council shall determine its rights, powers and duties, and its relation to the Oireachtas and to the Government.

AIRTEAGAL 15 *(ar leanúint)*

2° An tUachtarán agus dhá Theach atá san Oireachtas: Teach Ionadóirí ar a dtugtar Dáil Éireann, agus Seanad ar a dtugtar Seanad Éireann.

3° Is i gcathair Bhaile Átha Cliath nó ar a cóngar, nó cibé áit eile ar a gcinnfid ó am go ham, a shuífid Tithe an Oireachtais.

2 1° Bheirtear don Oireachtas amháin leis seo an t-aon chumhacht chun dlíthe a dhéanamh don Stát; níl cumhacht ag údarás reachtaíochta ar bith eile chun dlíthe a dhéanamh don Stát.

2° Ach féadfar socrú a dhéanamh le dlí chun fo-reachtais a chur ar bun nó chun glactha leo, agus chun cumhachtaí agus feidhmeanna na bhfo-reachtas sin a leagan amach.

3 1° Tig leis an Oireachtas socrú a dhéanamh chun comhairlí feidhmeannais is gairme beatha, a ionadaíos ranna de shaol chomhdhaonnach agus de shaol gheilleagrach an phobail, a chur ar bun nó glacadh leo.

2° Dlí ar bith lena gcuirtear comhairle den sórt sin ar bun nó faoina nglactar léi ní foláir léiriú a bheith ann ar chearta, ar chumhachtaí agus ar dhualgais na comhairle sin, agus fós ar a comhbhaint leis an Oireachtas agus leis an Rialtas.

ARTICLE 15 *(continued)*

4 1° The Oireachtas shall not enact any law which is in any respect repugnant to this Constitution or any provision thereof.

2° Every law enacted by the Oireachtas which is in any respect repugnant to this Constitution or to any provision thereof, shall, but to the extent only of such repugnancy, be invalid.

5 1° The Oireachtas shall not declare acts to be infringements of the law which were not so at the date of their commission.

2° The Oireachtas shall not enact any law providing for the imposition of the death penalty.

6 1° The right to raise and maintain military or armed forces is vested exclusively in the Oireachtas.

2° No military or armed force, other than a military or armed force raised and maintained by the Oireachtas, shall be raised or maintained for any purpose whatsoever.

7 The Oireachtas shall hold at least one session every year.

8 1° Sittings of each House of the Oireachtas shall be public.

Airteagal 15 *(ar leanúint)*

4 1° Ní cead don Oireachtas aon dlí a achtú a bheadh ar aon chuma in aghaidh an Bhunreachta seo nó in aghaidh aon fhorála den Bhunreacht seo.

2° I gcás aon dlí dá n-achtóidh an tOireachtas a bheith ar aon chuma in aghaidh an Bhunreachta seo nó in aghaidh aon fhorála den Bhunreacht seo beidh sé gan bhail sa mhéid go mbeidh sé in aghaidh an Bhunreachta seo agus sa mhéid sin amháin.

5 1° Ní cead don Oireachtas a rá gur sárú dlí gníomhartha nár shárú dlí iad le linn a ndéanta.

2° Ní cead don Oireachtas aon dlí a achtú lena ndéanfar socrú chun pionós an bháis a ghearradh.

6 1° Is ag an Oireachtas amháin atá de cheart fórsaí míleata nó fórsaí armtha a bhunú agus a chothabháil.

2° Ní dleathach fórsa míleata ná fórsa armtha ar bith, seachas fórsa míleata nó fórsa armtha a bhunaítear agus a chothabháiltear ag an Oireachtas, a bhunú ná a chothabháil chun críche ar bith.

7 Ní foláir don Oireachtas suí uair sa bhliain ar a laghad.

8 1° Is go poiblí a shuífidh gach Teach den Oireachtas.

Article 15 *(continued)*

2° In cases of special emergency, however, either House may hold a private sitting with the assent of two-thirds of the members present.

9 1° Each House of the Oireachtas shall elect from its members its own Chairman and Deputy Chairman, and shall prescribe their powers and duties.

2° The remuneration of the Chairman and Deputy Chairman of each House shall be determined by law.

10 Each House shall make its own rules and standing orders, with power to attach penalties for their infringement, and shall have power to ensure freedom of debate, to protect its official documents and the private papers of its members, and to protect itself and its members against any person or persons interfering with, molesting or attempting to corrupt its members in the exercise of their duties.

11 1° All questions in each House shall, save as otherwise provided by this Constitution, be determined by a majority of the votes of the members present and voting other than the Chairman or presiding member.

AIRTEAGAL 15 *(ar leanúint)*

2° Ach i gcás práinn speisialta a bheith ann, tig le ceachtar den dá Theach suí go príobháideach ach dhá thrian de na comhaltaí a bheas i láthair do thoiliú leis.

9 1° Toghfaidh gach Teach ar leith den Oireachtas a Chathaoirleach agus a Leas-Chathaoirleach féin as a chomhaltas féin, agus leagfaidh amach dóibh a gcumhachtaí agus a ndualgais.

2° Is le dlí a chinnfear tuarastal Chathaoirleach is Leas-Chathaoirleach gach Tí ar leith.

10 Déanfaidh gach Teach ar leith a rialacha agus a bhuan-orduithe féin, agus beidh sé de chumhacht ag gach Teach acu pionós a cheapadh do lucht a sáraithe sin; beidh sé de chumhacht aige fairis sin saoirse aighnis a chur in áirithe, agus a scríbhinní oifigiúla féin agus páipéir phríobháideacha a chomhaltaí a dhídean, agus fós é féin agus a chomhaltaí a dhídean ar aon duine nó ar aon dream daoine a dhéanfadh cur isteach nó toirmeasc ar a chomhaltaí nó a dhéanfadh iarracht ar iad a éilliú agus iad ag déanamh a ndualgas.

11 1° Taobh amuigh de chás dá socraítear a mhalairt leis an mBunreacht seo is é slí a dtabharfar breith ar gach ceist i ngach Teach ar leith ná le formhór vótaí na gcomhaltaí a bheas i láthair agus a dhéanfas vótáil ach gan an Cathaoirleach nó an comhalta a bheas i gceannas a áireamh.

ARTICLE 15 *(continued)*

2° The Chairman or presiding member shall have and exercise a casting vote in the case of an equality of votes.

3° The number of members necessary to constitute a meeting of either House for the exercise of its powers shall be determined by its standing orders.

12 All official reports and publications of the Oireachtas or of either House thereof and utterances made in either House wherever published shall be privileged.

13 The members of each House of the Oireachtas shall, except in case of treason as defined in this Constitution, felony or breach of the peace, be privileged from arrest in going to and returning from, and while within the precincts of, either House, and shall not, in respect of any utterance in either House, be amenable to any court or any authority other than the House itself.

14 No person may be at the same time a member of both Houses of the Oireachtas, and, if any person who is already a member of either House becomes a member of the other House, he shall forthwith be deemed to have vacated his first seat.

Airteagal 15 *(ar leanúint)*

2° Más ionann líon na vótaí ar an dá thaobh beidh ag an gCathaoirleach, nó ag an gcomhalta a bheas i gceannas, vóta cinniúna nach foláir dó a thabhairt.

3° Is lena bhuan-orduithe a chinnfear cén méid comhalta a bheas riachtanach do thionól de cheachtar den dá Theach chun é a bheith i gcumas feidhme.

12 Gach tuarascáil agus foilseachán oifigiúil ón Oireachtas agus ó gach Teach de, maille le caint ar bith dá ndéantar in aon Teach díobh, táid saor ar chúrsaí dlí cibé áit a bhfoilsítear.

13 Tá comhaltaí gach Tí den Oireachtas saor ar ghabháil le linn bheith i dtearmann ceachtar den dá Theach nó ag teacht chuige nó ag imeacht uaidh, ach amháin i gcás tréasa, mar a mhínítear sa Bhunreacht seo é, nó i gcás feileonachta nó briseadh síochána agus cibé caint a dhéanfaidh comhalta in aon Teach díobh ní inchúisithe é mar gheall uirthi in aon chúirt ná ag údarás ar bith ach amháin an Teach féin.

14 Ní cead d'aon duine bheith ina chomhalta de dhá Theach an Oireachtais san am chéanna, agus aon duine a bheas ina chomhalta de Theach díobh agus go ndéanfar comhalta den Teach eile de, ní foláir a mheas láithreach go bhfuil éirithe aige as an gcéad ionad.

ARTICLE 15 *(continued)*

15 The Oireachtas may make provision by law for the payment of allowances to the members of each House thereof in respect of their duties as public representatives and for the grant to them of free travelling and such other facilities (if any) in connection with those duties as the Oireachtas may determine.

DÁIL ÉIREANN

ARTICLE 16

1 1° Every citizen without distinction of sex who has reached the age of twenty-one years, and who is not placed under disability or incapacity by this Constitution or by law, shall be eligible for membership of Dáil Éireann.

2° i All citizens, and

ii such other persons in the State as may be determined by law,

without distinction of sex who have reached the age of eighteen years who are not disqualified by law and comply with the provisions of the law relating to the election of members of Dáil Éireann, shall have the right to vote at an election for members of Dáil Éireann.

Airteagal 15 *(ar leanúint)*

15 Tig leis an Oireachtas socrú a dhéanamh le dlí chun liúntais a íoc le comhaltaí gach Tí de as ucht a ndualgas i gcáil ionadóirí poiblí, agus chun go ndeonfaí dóibh, maidir lena ndualgais, saoráid chun taisteal in aisce agus cibé saoráid eile a chinnfidh an tOireachtas, má chinneann.

Dáil Éireann

Airteagal 16

1 1° Gach saoránach, cibé acu fear nó bean, ag a bhfuil bliain agus fiche slán agus nach gcuirtear faoi mhíchumas nó faoi mhíthreoir leis an mBunreacht seo ná le dlí, tá sé intofa ar chomhaltas Dháil Éireann.

2° i Gach uile shaoránach, agus

ii cibé daoine eile sa Stát a cinnfear le dlí,

cibé acu fir nó mná, ag a bhfuil ocht mbliana déag slán agus ná cuirtear faoi dhícháilíocht le dlí, agus a chomhlíonann coinníollacha an dlí i dtaobh toghcháin comhaltaí do Dháil Éireann, tá ceart vótála acu i dtoghchán comhaltaí do Dháil Éireann.

Article 16 *(continued)*

3° No law shall be enacted placing any citizen under disability or incapacity for membership of Dáil Éireann on the ground of sex or disqualifying any citizen or other person from voting at an election for members of Dáil Éireann on that ground.

4° No voter may exercise more than one vote at an election for Dáil Éireann, and the voting shall be by secret ballot.

2 1° Dáil Éireann shall be composed of members who represent constituencies determined by law.

2° The number of members shall from time to time be fixed by law, but the total number of members of Dáil Éireann shall not be fixed at less than one member for each thirty thousand of the population, or at more than one member for each twenty thousand of the population.

3° The ratio between the number of members to be elected at any time for each constituency and the population of each constituency, as ascertained at the last preceding census, shall, so far as it is practicable, be the same throughout the country.

Airteagal 16 *(ar leanúint)*

3° Ní cead aon dlí a achtú a chuirfeadh saoránach ar bith, toisc gur fear nó toisc gur bean an saoránach sin, faoi mhíchumas nó faoi mhíthreoir maidir lena bheith ina chomhalta de Dháil Éireann nó a dhícháileodh saoránach ar bith nó duine ar bith eile, ar an bhforas céanna sin, ó bheith i dteideal vótála i dtoghchán comhaltaí do Dháil Éireann.

4° Ní cead do thoghthóir ar bith thar aon vóta amháin a thabhairt i dtoghchán do Dháil Éireann, agus is le rúnbhallóid a dhéanfar an vótáil.

2 1° Ionadóirí do dháilcheantair a shocraítear le dlí comhaltas Dháil Éireann.

2° Socrófar líon comhaltaí Dháil Éireann le dlí ó am go ham ach ní cead a lánlíon a bheith faoi bhun comhalta in aghaidh gach tríocha míle den daonra, ná os cionn comhalta in aghaidh gach fiche míle den daonra.

3° An chomhréir a bheas idir an líon comhaltaí a bheas le toghadh aon tráth le haghaidh gach dáilcheantair ar leith agus daonra gach dáilcheantair ar leith, de réir an daonáirimh is déanaí dá ndearnadh roimhe sin, ní foláir í a bheith ar cothrom, sa mhéid gur féidir é, ar fud na dúiche uile.

ARTICLE 16 *(continued)*

4° The Oireachtas shall revise the constituencies at least once in every twelve years, with due regard to changes in distribution of the population, but any alterations in the constituencies shall not take effect during the life of Dáil Éireann sitting when such revision is made.

5° The members shall be elected on the system of proportional representation by means of the single transferable vote.

6° No law shall be enacted whereby the number of members to be returned for any constituency shall be less than three.

3 1° Dáil Éireann shall be summoned and dissolved as provided by section 2 of Article 13 of this Constitution.

2° A general election for members of Dáil Éireann shall take place not later than thirty days after a dissolution of Dáil Éireann.

4 1° Polling at every general election for Dáil Éireann shall as far as practicable take place on the same day throughout the country.

2° Dáil Éireann shall meet within thirty days from that polling day.

Airteagal 16 *(ar leanúint)*

4° Ní foláir don Oireachtas na dáilcheantair a athmheas uair ar a laghad sa dá bhliain déag ag féachaint go cuí d'aon athruithe ar shuíomh an daonra; ach athruithe ar bith dá ndéanfar ar na dáilcheantair ní thiocfaid i bhfeidhm i rith ré na Dála a bheas ina suí le linn an athmheasta sin.

5° Is de réir na hionadaíochta cionúire agus ar mhodh an aonghutha inaistrithe a thoghfar na comhaltaí.

6° Ní cead dlí a achtú a bhéarfadh faoi bhun triúir an líon comhaltaí a bheas le toghadh d'aon dáilcheantar.

3 1° Ní foláir Dáil Éireann a chomóradh agus a lánscor mar a shocraítear le halt 2 d'Airteagal 13 den Bhunreacht seo.

2° Ní foláir olltoghchán do chomhaltaí do Dháil Éireann a bheith ann lá nach déanaí ná tríocha lá tar éis Dáil Éireann a lánscor.

4 1° An vótáil do gach olltoghchán ar leith do Dháil Éireann ní foláir í a dhéanamh, sa mhéid gur féidir é, an t-aon lá amháin ar fud na dúiche uile.

2° Ní foláir do Dháil Éireann teacht le chéile taobh istigh de thríocha lá ón lá vótála sin.

Article 16 *(continued)*

5 The same Dáil Éireann shall not continue for a longer period than seven years from the date of its first meeting: a shorter period may be fixed by law.

6 Provision shall be made by law to enable the member of Dáil Éireann who is the Chairman immediately before a dissolution of Dáil Éireann to be deemed without any actual election to be elected a member of Dáil Éireann at the ensuing general election.

7 Subject to the foregoing provisions of this Article, elections for membership of Dáil Éireann, including the filling of casual vacancies, shall be regulated in accordance with law.

Article 17

1 1° As soon as possible after the presentation to Dáil Éireann under Article 28 of this Constitution of the Estimates of receipts and the Estimates of expenditure of the State for any financial year, Dáil Éireann shall consider such Estimates.

2° Save in so far as may be provided by specific enactment in each case, the legislation required to give effect to the Financial Resolutions of each year shall be enacted within that year.

Airteagal 16 *(ar leanúint)*

5 Ní bheidh de ré ag aon Dáil Éireann ach seacht mbliana ó lá a céad-tionóil: féadfar ré is giorra ná sin a shocrú le dlí.

6 An comhalta de Dháil Éireann a bheas ina Chathaoirleach díreach roimh lánscor do Dháil Éireann ní foláir socrú a dhéanamh le dlí chun go bhféadfar a mheas an comhalta sin a bheith tofa do Dháil Éireann sa chéad olltoghchán eile, gan é a dhul faoi thoghadh.

7 Faoi chuimsiú na bhforálacha sin romhainn den Airteagal seo is de réir dlí a rialófar toghcháin do chomhaltas Dháil Éireann, mar aon le líonadh corrfholúntas.

Airteagal 17

1 1° Chomh luath agus is féidir é tar éis na Meastacháin ar fháltas an Stáit agus na Meastacháin ar chaitheamh airgid an Stáit i gcomhair aon bhliana airgeadais a chur faoi bhráid Dháil Éireann faoi Airteagal 28 den Bhunreacht seo, ní foláir do Dháil Éireann na Meastacháin sin a bhreithniú.

2° An reachtaíocht a bheas riachtanach chun feidhm dlí a thabhairt do Rúin Airgeadais gach bliana ar leith ní foláir í a achtú an bhliain sin féin ach amháin sa mhéid go mbeidh a mhalairt socair i dtaobh gach cás ar leith in achtachán chuige sin.

ARTICLE 17 *(continued)*

2 Dáil Éireann shall not pass any vote or resolution, and no law shall be enacted, for the appropriation of revenue or other public moneys unless the purpose of the appropriation shall have been recommended to Dáil Éireann by a message from the Government signed by the Taoiseach.

SEANAD ÉIREANN

ARTICLE 18

1 Seanad Éireann shall be composed of sixty members, of whom eleven shall be nominated members and forty-nine shall be elected members.

2 A person to be eligible for membership of Seanad Éireann must be eligible to become a member of Dáil Éireann.

3 The nominated members of Seanad Éireann shall be nominated, with their prior consent, by the Taoiseach who is appointed next after the re-assembly of Dáil Éireann following the dissolution thereof which occasions the nomination of the said members.

4 1° The elected members of Seanad Éireann shall be elected as follows:—

Airteagal 17 *(ar leanúint)*

2 Ní dleathach do Dháil Éireann vóta ná rún a rith, ná ní dleathach aon dlí a achtú, chun leithghabháil a dhéanamh ar státchíos ná ar airgead poiblí ar bith eile, mura mbeidh teachtaireacht ag Dáil Éireann ón Rialtas faoi láimh an Taoisigh ag moladh críche na leithghabhála dóibh.

SEANAD ÉIREANN

Airteagal 18

1 Seasca comhalta líon Sheanad Éireann, .i. aon duine dhéag a ainmneofar agus naonúr is daichead a thoghfar.

2 Ionas go mbeadh duine inghlactha ar chomhaltas Sheanad Éireann ní foláir é a bheith inghlactha ar chomhaltas Dháil Éireann.

3 Na comhaltaí a ainmneofar do Sheanad Éireann ainmneofar iad le réamhchead uathu féin ag an Taoiseach a cheapfar ar Dháil Éireann d'ationól i ndiaidh an lánscoir ar Dháil Éireann is siocair leis na comhaltaí sin a ainmniú.

4 1° Na comhaltaí a thoghfar do Sheanad Éireann, is ar an gcuma seo a leanas a thoghfar iad:—

Article 18 *(continued)*

i Three shall be elected by the National University of Ireland.

ii Three shall be elected by the University of Dublin.

iii Forty-three shall be elected from panels of candidates constituted as hereinafter provided.

2° Provision may be made by law for the election, on a franchise and in the manner to be provided by law, by one or more of the following institutions, namely:

i the universities mentioned in subsection 1° of this section,

ii any other institutions of higher education in the State,

of so many members of Seanad Éireann as may be fixed by law in substitution for an equal number of the members to be elected pursuant to paragraphs i and ii of the said subsection 1°.

A member or members of Seanad Éireann may be elected under this subsection by institutions grouped together or by a single institution.

Airteagal 18 *(ar leanúint)*

i Toghfaidh Ollscoil na hÉireann triúr.

ii Toghfaidh Ollscoil Bhaile Átha Cliath triúr.

iii Toghfar triúr is daichead as rollaí d'iarrthóirí a chóireofar ar an gcuma a shocraítear anseo inár ndiaidh.

2° Féadfar foráil a dhéanamh le dlí chun go dtoghfar de réir toghchórais, agus ar an modh, a shocrófar le dlí, ag ceann amháin nó níos mó de na forais seo a leanas, cadhon:

i na hOllscoileanna a luaitear i bhfo-alt 1° den alt seo,

ii aon fhorais eile ardoideachais sa Stát,

an líon sin comhaltaí de Sheanad Éireann a shocrófar le dlí in ionad líon comhionann de na comhaltaí a bheas le toghadh de bhun míreanna i agus ii den fho-alt sin 1°.

Féadfar comhalta nó comhaltaí de Sheanad Éireann a thoghadh faoin bhfo-alt seo ag forais a bheas tiomsaithe le chéile nó ag foras aonair.

ARTICLE 18 *(continued)*

3° Nothing in this Article shall be invoked to prohibit the dissolution by law of a university mentioned in subsection 1° of this section.

5 Every election of the elected members of Seanad Éireann shall be held on the system of proportional representation by means of the single transferable vote, and by secret postal ballot.

6 The members of Seanad Éireann to be elected by the Universities shall be elected on a franchise and in the manner to be provided by law.

7 1° Before each general election of the members of Seanad Éireann to be elected from panels of candidates, five panels of candidates shall be formed in the manner provided by law containing respectively the names of persons having knowledge and practical experience of the following interests and services, namely:–

i National Language and Culture, Literature, Art, Education and such professional interests as may be defined by law for the purpose of this panel;

ii Agriculture and allied interests, and Fisheries;

iii Labour, whether organised or unorganised;

Airteagal 18 *(ar leanúint)*

3° Ní cead aon ní dá bhfuil san Airteagal seo a agairt chun toirmeasc a chur le hOllscoil a luaitear i bhfo-alt 1° den alt seo a lánscor de réir dlí.

5 Gach toghchán dá mbeidh ann do na comhaltaí a thoghfar do Sheanad Éireann is de réir na hionadaíochta cionúire a dhéanfar é agus ar mhodh an aonghutha inaistrithe, le rúnbhallóid phoist.

6 Na comhaltaí a thoghfar do Sheanad Éireann ag na hOllscoileanna is de réir toghchórais, agus ar an modh, a shocrófar le dlí a thoghfar iad.

7 1° Roimh gach olltoghchán do na comhaltaí do Sheanad Éireann a thoghfar as rollaí d'iarrthóirí cóireofar ar an gcuma a shocrófar le dlí cúig rolla d'iarrthóirí ar a mbeidh ainmneacha daoine ag a mbeidh eolas agus cleachtadh ar na gnóthaí agus na seirbhísí seo a leanas faoi seach:–

i An Ghaeilge agus an tSaíocht Náisiúnta, Litríocht, Ealaíonacht, Oideachas agus cibé gairmeacha a léireofar le dlí chun críche an rolla seo;

ii Talmhaíocht, maille le gnóthaí a bhaineas léi, agus Iascaireacht;

iii Oibreachas, cibé comheagraithe é nó nach ea;

ARTICLE 18 *(continued)*

iv Industry and Commerce, including banking, finance, accountancy, engineering and architecture;

v Public Administration and social services, including voluntary social activities.

2° Not more than eleven and, subject to the provisions of Article 19 hereof, not less than five members of Seanad Éireann shall be elected from any one panel.

8 A general election for Seanad Éireann shall take place not later than ninety days after a dissolution of Dáil Éireann, and the first meeting of Seanad Éireann after the general election shall take place on a day to be fixed by the President on the advice of the Taoiseach.

9 Every member of Seanad Éireann shall, unless he previously dies, resigns, or becomes disqualified, continue to hold office until the day before the polling day of the general election for Seanad Éireann next held after his election or nomination.

10 1° Subject to the foregoing provisions of this Article elections of the elected members of Seanad Éireann shall be regulated by law.

Airteagal 18 *(ar leanúint)*

iv Tionscal is Tráchtáil ar a n-áirítear baincéireacht, airgeadas, cuntasaíocht, innealtóireacht agus foirgníocht;

v Riarachán Poiblí agus seirbhísí comhdhaonnacha, agus obair chomhdhaonnach dheonach a áireamh.

2° Ní cead níos mó ná aon duine dhéag ná, faoi chuimsiú forálacha Airteagail 19 den Bhunreacht seo, níos lú ná cúigear de chomhaltaí Sheanad Éireann a thoghadh as aon rolla áirithe.

8 Ní foláir olltoghchán do Sheanad Éireann a bheith ann lá nach déanaí ná nócha lá d'éis lánscor do Dháil Éireann, agus ní foláir do Sheanad Éireann teacht le chéile ar chéad-tionól tar éis an olltoghcháin lá a chinnfidh an tUachtarán chuige ar chomhairle an Taoisigh.

9 Leanfaidh gach comhalta de Sheanad Éireann dá oifig, mura n-éaga nó mura n-éirí as oifig nó mura ndícháilítear é, go dtí an lá roimh lá na vótála don olltoghchán is túisce a bheas ann do Sheanad Éireann d'éis é a thoghadh nó é a ainmniú.

10 1° Faoi chuimsiú na bhforálacha sin romhainn den Airteagal seo, is de réir dlí a rialófar gach toghchán do na comhaltaí a thoghfar do Sheanad Éireann.

ARTICLE 18 *(continued)*

2° Casual vacancies in the number of the nominated members of Seanad Éireann shall be filled by nomination by the Taoiseach with the prior consent of persons so nominated.

3° Casual vacancies in the number of the elected members of Seanad Éireann shall be filled in the manner provided by law.

ARTICLE 19

Provision may be made by law for the direct election by any functional or vocational group or association or council of so many members of Seanad Éireann as may be fixed by such law in substitution for an equal number of the members to be elected from the corresponding panels of candidates constituted under Article 18 of this Constitution.

LEGISLATION

ARTICLE 20

1 Every Bill initiated in and passed by Dáil Éireann shall be sent to Seanad Éireann and may, unless it be a Money Bill, be amended in Seanad Éireann and Dáil Éireann shall consider any such amendment.

Airteagal 18 *(ar leanúint)*

2° Is le hainmniú ón Taoiseach a líonfar corrfholúntais i líon na gcomhaltaí a ainmnítear do Sheanad Éireann, le réamhchead na ndaoine a ainmneofar.

3° Is ar an gcuma a shocraítear le dlí a líonfar corrfholúntais i líon na gcomhaltaí a thoghtar do Sheanad Éireann.

Airteagal 19

Féadfar socrú a dhéanamh le dlí ionas go bhféadfadh aon dream feidhme nó gairme beatha, nó aon chomhlacht nó comhairle feidhme nó gairme beatha, an oiread comhaltaí do Sheanad Éireann a thoghadh go lomdíreach agus a chinnfear leis an dlí sin, in ionad an oiread chéanna de na comhaltaí a thoghfar as na comhrollaí d'iarrthóirí a chóireofar faoi Airteagal 18 den Bhunreacht seo.

REACHTAÍOCHT

Airteagal 20

1 Ní foláir gach Bille a thionscnaítear i nDáil Éireann agus a ritear ag Dáil Éireann a chur go Seanad Éireann agus, mura Bille Airgid é, tig le Seanad Éireann é a leasú, agus ní foláir do Dháil Éireann aon leasú den sórt sin a bhreithniú.

Article 20 *(continued)*

2 1° A Bill other than a Money Bill may be initiated in Seanad Éireann, and if passed by Seanad Éireann, shall be introduced in Dáil Éireann.

2° A Bill initiated in Seanad Éireann if amended in Dáil Éireann shall be considered as a Bill initiated in Dáil Éireann.

3 A Bill passed by either House and accepted by the other House shall be deemed to have been passed by both Houses.

Money Bills

Article 21

1 1° Money Bills shall be initiated in Dáil Éireann only.

2° Every Money Bill passed by Dáil Éireann shall be sent to Seanad Éireann for its recommendations.

2 1° Every Money Bill sent to Seanad Éireann for its recommendations shall, at the expiration of a period not longer than twenty-one days after it shall have been sent to Seanad Éireann, be returned to Dáil Éireann, which may accept or reject all or any of the recommendations of Seanad Éireann.

Airteagal 20 *(ar leanúint)*

2 1° Is dleathach Bille nach Bille Airgid é a thionscnamh i Seanad Éireann, agus má ritheann Seanad Éireann é ní foláir é a thabhairt isteach i nDáil Éireann.

2° Má thionscnaítear Bille i Seanad Éireann agus go leasaíonn Dáil Éireann é, ní foláir a mheas é a bheith ina Bhille a tionscnaíodh i nDáil Éireann.

3 Bille a ritear ag ceachtar den dá Theach agus lena nglacann an Teach eile ní foláir a mheas gur ritheadh é ag an dá Theach.

Billí Airgid

Airteagal 21

1 1° Is i nDáil Éireann amháin is cead Billí Airgid a thionscnamh.

2° Ní foláir gach Bille Airgid a ritear ag Dáil Éireann a chur go Seanad Éireann d'iarraidh a moltaí ina thaobh.

2 1° Gach Bille Airgid a chuirtear go Seanad Éireann d'iarraidh a moltaí ina thaobh, ní foláir é a chur ar ais go Dáil Éireann i gceann tréimhse nach sia ná lá agus fiche tar éis an Bille a chur go Seanad Éireann, agus tig le Dáil Éireann iomlán na moltaí ó Sheanad Éireann nó aon chuid díobh a ghlacadh nó a dhiúltú.

Article 21 *(continued)*

2° If such Money Bill is not returned by Seanad Éireann to Dáil Éireann within such twenty-one days or is returned within such twenty-one days with recommendations which Dáil Éireann does not accept, it shall be deemed to have been passed by both Houses at the expiration of the said twenty-one days.

Article 22

1 1° A Money Bill means a Bill which contains only provisions dealing with all or any of the following matters, namely, the imposition, repeal, remission, alteration or regulation of taxation; the imposition for the payment of debt or other financial purposes of charges on public moneys or the variation or repeal of any such charges; supply; the appropriation, receipt, custody, issue or audit of accounts of public money; the raising or guarantee of any loan or the repayment thereof; matters subordinate and incidental to these matters or any of them.

2° In this definition the expressions "taxation", "public money" and "loan" respectively do not include any taxation, money or loan raised by local authorities or bodies for local purposes.

Airteagal 21 *(ar leanúint)*

2° Mura gcuirtear an Bille Airgid sin ar ais ó Sheanad Éireann go Dáil Éireann taobh istigh den lá agus fiche sin, nó má chuirtear ar ais é taobh istigh den lá agus fiche sin mar aon le moltaí nach nglacann Dáil Éireann leo, ní foláir a mheas gur rith an dá Theach i gceann an lae agus fiche sin é.

Airteagal 22

1 1° Is é is ciall do Bhille Airgid Bille nach mbíonn ann ach forálacha le haghaidh iomlán na n-ábhar seo a leanas nó aon chuid acu .i. cánachas a ghearradh, a aisghairm, a loghadh, a athrú nó a rialú; muirir a leagan ar airgidí poiblí chun fiacha a íoc nó chun cuspóirí eile airgeadais, nó a leithéidí sin de mhuirir a athrú nó a aisghairm; soláthar; airgead poiblí a leithghabháil, a ghlacadh, a choinneáil nó a eisiúint, nó cuntais air a iniúchadh; aon iasacht a chruinniú nó a ráthú nó a aisíoc; fo-ábhair a bhfuil baint acu leis na nithe sin nó le haon chuid acu.

2° Sa mhíniú sin ní áirítear faoi na focail "cánachas", "airgead poiblí" agus "iasacht", faoi seach, aon chánachas, airgead ná iasacht a chruinníd údaráis nó comhlachtaí áitiúla chun críocha áitiúla.

Article 22 *(continued)*

2 1° The Chairman of Dáil Éireann shall certify any Bill which, in his opinion, is a Money Bill to be a Money Bill, and his certificate shall, subject to the subsequent provisions of this section, be final and conclusive.

2° Seanad Éireann, by a resolution, passed at a sitting at which not less than thirty members are present, may request the President to refer the question whether the Bill is or is not a Money Bill to a Committee of Privileges.

3° If the President after consultation with the Council of State decides to accede to the request he shall appoint a Committee of Privileges consisting of an equal number of members of Dáil Éireann and of Seanad Éireann and a Chairman who shall be a Judge of the Supreme Court: these appointments shall be made after consultation with the Council of State. In the case of an equality of votes but not otherwise the Chairman shall be entitled to vote.

4° The President shall refer the question to the Committee of Privileges so appointed and the Committee shall report its decision thereon to the President within twenty-one days after the day on which the Bill was sent to Seanad Éireann.

Airteagal 22 *(ar leanúint)*

2 1° Más é tuairim Chathaoirleach Dháil Éireann gur Bille Airgid aon Bhille faoi leith ní foláir dó a dheimhniú gur Bille Airgid é agus, faoi chuimsiú na bhforálacha inár ndiaidh den alt seo, ní bheidh dul thar an deimhniú sin.

2° Tig le Seanad Éireann rún a rith i dtionól nach mbeidh níos lú ná tríocha comhalta i láthair ann, á iarraidh ar an Uachtarán ceist a chur faoi bhráid Choiste Pribhléidí féachaint cé acu Bille Airgid an Bille nó nach ea.

3° Má aontaíonn an tUachtarán leis an achainí tar éis comhairle a ghlacadh leis an gComhairle Stáit, ní foláir dó Coiste Pribhléidí a cheapadh. An líon céanna de chomhaltaí de Dháil Éireann agus de Sheanad Éireann a bheas ar an gCoiste sin, agus breitheamh den Chúirt Uachtarach ina Chathaoirleach orthu. Is tar éis comhairle a ghlacadh leis an gComhairle Stáit a dhéanfar na ceapacháin sin. Más ionann an líon vótaí ar an dá thaobh beidh vóta ag an gCathaoirleach, ach murab ionann ní bheidh.

4° Ní foláir don Uachtarán an cheist a chur faoi bhráid an Choiste Pribhléidí a cheapfar mar sin, agus ní foláir don Choiste a mbreith ar an gceist a chur chun an Uachtaráin taobh istigh de lá agus fiche d'éis an lae a cuireadh an Bille go Seanad Éireann.

Article 22 *(continued)*

5° The decision of the Committee shall be final and conclusive.

6° If the President after consultation with the Council of State decides not to accede to the request of Seanad Éireann, or if the Committee of Privileges fails to report within the time hereinbefore specified the certificate of the Chairman of Dáil Éireann shall stand confirmed.

Time for Consideration of Bills

Article 23

1 This Article applies to every Bill passed by Dáil Éireann and sent to Seanad Éireann other than a Money Bill or a Bill the time for the consideration of which by Seanad Éireann shall have been abridged under Article 24 of this Constitution.

1° Whenever a Bill to which this Article applies is within the stated period defined in the next following sub-section either rejected by Seanad Éireann or passed by Seanad Éireann with amendments to which Dáil Éireann does not agree or is neither passed (with or without amendment) nor rejected by Seanad Éireann within the stated period, the Bill shall, if Dáil Éireann so resolves within one hundred and eighty days after the expiration of the stated period be deemed to have

Airteagal 22 *(ar leanúint)*

5° Ní bheidh dul thar breith an Choiste.

6° Má dhiúltaíonn an tUachtarán d'achainí Sheanad Éireann tar éis comhairle a ghlacadh leis an gComhairle Stáit, nó mura gcuire an Coiste Pribhléidí a mbreith in iúl taobh istigh den tréimhse a luaitear anseo romhainn, seasfaidh deimhniú Chathaoirleach Dháil Éireann.

Tréimhse chun Billí a Bhreithniú

Airteagal 23

1 Baineann an tAirteagal seo le gach Bille a ritheann Dáil Éireann agus a sheoltar go Seanad Éireann, ach amháin Bille Airgid nó Bille a ndearnadh an tréimhse chun a bhreithnithe ag Seanad Éireann a ghiorrú faoi Airteagal 24 den Bhunreacht seo.

1° Má tharlaíonn, taobh istigh den tréimhse áirithe a luaitear sa chéad fho-alt eile, go ndiúltaíonn Seanad Éireann d'aon Bhille lena mbaineann an tAirteagal seo, nó go ritheann Seanad Éireann an Bille agus leasuithe air a ndiúltaíonn Dáil Éireann dóibh, nó mura ndéanann Seanad Éireann an Bille a rith (cibé acu leasaithe é nó gan leasú) nó diúltú dó taobh istigh den tréimhse áirithe, ansin má ritheann Dáil Éireann rún chuige sin taobh istigh de naoi bhfichid lá tar éis an tréimhse áirithe

ARTICLE 23 *(continued)*

been passed by both Houses of the Oireachtas on the day on which the resolution is passed.

2° The stated period is the period of ninety days commencing on the day on which the Bill is first sent by Dáil Éireann to Seanad Éireann or any longer period agreed upon in respect of the Bill by both Houses of the Oireachtas.

2 1° The preceding section of this Article shall apply to a Bill which is initiated in and passed by Seanad Éireann, amended by Dáil Éireann, and accordingly deemed to have been initiated in Dáil Éireann.

2° For the purpose of this application the stated period shall in relation to such a Bill commence on the day on which the Bill is first sent to Seanad Éireann after having been amended by Dáil Éireann.

ARTICLE 24

1 If and whenever on the passage by Dáil Éireann of any Bill, other than a Bill expressed to be a Bill containing a proposal to amend the Constitution, the Taoiseach certifies by messages in writing addressed to the President and to the Chairman of each House of the Oireachtas that, in the opinion

Airteagal 23 *(ar leanúint)*

a bheith caite, ní foláir a mheas gur ritheadh an Bille sin ag dhá Theach an Oireachtais an lá a ritheadh an rún.

2° Nócha lá, nó aon tréimhse is sia ná sin a réitíd dhá Theach an Oireachtais le chéile maidir leis an mBille, an tréimhse áirithe, agus is é an lá a sheoltar an Bille ar dtús ó Dháil Éireann go Seanad Éireann tosach na tréimhse.

2 1° Baineann an t-alt sin romhainn den Airteagal seo le gach Bille a thionscnaítear i Seanad Éireann agus a ritear ag Seanad Éireann, agus a leasaítear ag Dáil Éireann, agus go meastar dá bhíthin sin gur i nDáil Éireann a tionscnaíodh é.

2° Chuige sin is é an lá a sheoltar an Bille go Seanad Éireann den chéad uair tar éis é a leasú ag Dáil Éireann a thosaíos an tréimhse áirithe i gcomhair an Bhille sin.

Airteagal 24

1 Má ritheann Dáil Éireann Bille, seachas Bille a luaitear a bheith ina Bhille a bhfuil togra ann chun an Bunreacht a leasú, agus go seolann an Taoiseach teachtaireachtaí scríofa chun an Uachtaráin agus chun Cathaoirleach gach Tí den Oireachtas, á dheimhniú dóibh gurb é tuairim an Rialtais go

ARTICLE 24 *(continued)*

of the Government, the Bill is urgent and immediately necessary for the preservation of the public peace and security, or by reason of the existence of a public emergency, whether domestic or international, the time for the consideration of such Bill by Seanad Éireann shall, if Dáil Éireann so resolves and if the President, after consultation with the Council of State, concurs, be abridged to such period as shall be specified in the resolution.

2 Where a Bill, the time for the consideration of which by Seanad Éireann has been abridged under this Article,

(a) is, in the case of a Bill which is not a Money Bill, rejected by Seanad Éireann or passed by Seanad Éireann with amendments to which Dáil Éireann does not agree or neither passed nor rejected by Seanad Éireann, or

(b) is, in the case of a Money Bill, either returned by Seanad Éireann to Dáil Éireann with recommendations which Dáil Éireann does not accept or is not returned by Seanad Éireann to Dáil Éireann,

Airteagal 24 *(ar leanúint)*

bhfuil práinn agus riachtanas leis an mBille sin láithreach chun síocháin agus slándáil an phobail a chosaint, nó go bhfuil práinn agus riachtanas leis láithreach toisc éigeandáil phoiblí inmheánach nó idirnáisiúnta a bheith ann, ansin má bheartaíonn Dáil Éireann amhlaidh le rún, agus go n-aontaíonn an tUachtarán leis an rún, tar éis comhairle a ghlacadh leis an gComhairle Stáit, ní foláir an tréimhse a fhágfar an Bille sin faoi bhreithniú Sheanad Éireann a ghiorrú agus a chur faoin teorainn a luaitear sa rún.

2 Bille ar bith a ndearnadh an tréimhse chun a bhreithnithe ag Seanad Éireann a ghiorrú faoin Airteagal seo, má tharlaíonn,

(a) i gcás Bille nach Bille Airgid, go ndiúltaíonn Seanad Éireann dó nó go ritheann Seanad Éireann é maille le leasuithe dá ndiúltaíonn Dáil Éireann nó nach ndéanann Seanad Éireann é a rith ná diúltú dó, nó,

(b) i gcás Bille Airgid, go gcuireann Seanad Éireann ar ais go Dáil Éireann é maille le moltaí nach nglacann Dáil Éireann leo nó nach ndéanann Seanad Éireann é a chur ar ais go Dáil Éireann,

Article 24 *(continued)*

within the period specified in the resolution, the Bill shall be deemed to have been passed by both Houses of the Oireachtas at the expiration of that period.

3 When a Bill the time for the consideration of which by Seanad Éireann has been abridged under this Article becomes law it shall remain in force for a period of ninety days from the date of its enactment and no longer unless, before the expiration of that period, both Houses shall have agreed that such law shall remain in force for a longer period and the longer period so agreed upon shall have been specified in resolutions passed by both Houses.

Signing and Promulgation of Laws

Article 25

1 As soon as any Bill, other than a Bill expressed to be a Bill containing a proposal for the amendment of this Constitution, shall have been passed or deemed to have been passed by both Houses of the Oireachtas, the Taoiseach shall present it to the President for his signature and for promulgation by him as a law in accordance with the provisions of this Article.

2 1° Save as otherwise provided by this Constitution, every Bill so presented to the President for

Airteagal 24 *(ar leanúint)*

taobh istigh den tréimhse a luaitear sa rún, ní foláir a mheas gur ritheadh an Bille ag dhá Theach an Oireachtais i gceann na tréimhse sin.

3 Ar dhéanamh dlí de Bhille a ndearnadh an tréimhse chun a bhreithnithe ag Seanad Éireann a ghiorrú faoin Airteagal seo, beidh sé i bhfeidhm ar feadh tréimhse nócha lá ó dháta a achtaithe, ach sin a mbeidh, mura n-aontaíd dhá Theach an Oireachtais roimh dheireadh na tréimhse sin an dlí sin a fhanacht i bhfeidhm ar feadh tréimhse is sia ná sin, agus go luaitear i rúin ón dá Theach an tréimhse a aontaítear amhlaidh.

Dlíthe a Shíniú agus a Fhógairt

Airteagal 25

1 Chomh luath agus a ritear Bille, seachas Bille a luaitear a bheith ina Bhille a bhfuil togra ann chun an Bunreacht seo a leasú, nó a mheastar é a bheith rite ag dhá Theach an Oireachtais, ní foláir don Taoiseach an Bille sin a thairiscint don Uachtarán chun a lámh a chur leis agus chun é a fhógairt ina dhlí de réir forálacha an Airteagail seo.

2 1° Taobh amuigh de chás dá socraítear a mhalairt leis an mBunreacht seo, gach Bille a thairgtear don

ARTICLE 25 *(continued)*

his signature and for promulgation by him as a law shall be signed by the President not earlier than the fifth and not later than the seventh day after the date on which the Bill shall have been presented to him.

2° At the request of the Government, with the prior concurrence of Seanad Éireann, the President may sign any Bill the subject of such request on a date which is earlier than the fifth day after such date as aforesaid.

3 Every Bill the time for the consideration of which by Seanad Éireann shall have been abridged under Article 24 of this Constitution shall be signed by the President on the day on which such Bill is presented to him for signature and promulgation as a law.

4 1° Every Bill shall become and be law as on and from the day on which it is signed by the President under this Constitution, and shall, unless the contrary intention appears, come into operation on that day.

2° Every Bill signed by the President under this Constitution shall be promulgated by him as a law by the publication by his direction of a notice in the Iris Oifigiúil stating that the Bill has become law.

AIRTEAGAL 25 *(ar leanúint)*

Uachtarán mar sin chun a lámh a chur leis agus chun é a fhógairt ina dhlí, ní foláir dó a lámh a chur leis lá nach luaithe ná an cúigiú lá agus nach déanaí ná an seachtú lá tar éis an lae a thairgtear an Bille dó.

2° Ar achainí an Rialtais, le comhthoil Sheanad Éireann roimh ré, tig leis an Uachtarán a lámh a chur le haon Bhille is siocair don achainí sin níos luaithe ná an cúigiú lá tar éis an dáta réamhráite.

3 Gach Bille a ndearnadh an tréimhse chun a bhreithnithe ag Seanad Éireann a ghiorrú faoi Airteagal 24 den Bhunreacht seo, ní foláir don Uachtarán a lámh a chur leis an lá a thairgtear an Bille sin dó chun é a shíniú agus chun é a fhógairt ina dhlí.

4 1° Déanann dlí de gach Bille an lá a chuireann an tUachtarán a lámh leis faoin mBunreacht seo agus is dlí é an lá sin agus ón lá sin amach agus, mura léir a mhalairt d'intinn ina thaobh, is é an lá sin a thagann sé i ngníomh.

2° Gach Bille a gcuireann an tUachtarán a lámh leis faoin mBunreacht seo ní foláir dó é a fhógairt ina dhlí le fógra san Iris Oifigiúil, faoi ordú uaidh, á rá go bhfuil an Bille ina dhlí.

ARTICLE 25 *(continued)*

3° Every Bill shall be signed by the President in the text in which it was passed or deemed to have been passed by both Houses of the Oireachtas, and if a Bill is so passed or deemed to have been passed in both the official languages, the President shall sign the text of the Bill in each of those languages.

4° Where the President signs the text of a Bill in one only of the official languages, an official translation shall be issued in the other official language.

5° As soon as may be after the signature and promulgation of a Bill as a law, the text of such law which was signed by the President or, where the President has signed the text of such law in each of the official languages, both the signed texts shall be enrolled for record in the office of the Registrar of the Supreme Court, and the text, or both the texts, so enrolled shall be conclusive evidence of the provisions of such law.

6° In case of conflict between the texts of a law enrolled under this section in both the official languages, the text in the national language shall prevail.

5 1° It shall be lawful for the Taoiseach, from time to time as occasion appears to him to require, to

Airteagal 25 *(ar leanúint)*

3° Is é téacs de Bhille a gcuirfidh an tUachtarán a lámh leis ná an téacs a ritheadh nó a mheastar a ritheadh ag dhá Theach an Oireachtais agus, má ritear Bille nó má mheastar é a bheith rite amhlaidh sa dá theanga oifigiúla, cuirfidh an tUachtarán a lámh le téacs Gaeilge agus le téacs Sacs-Bhéarla an Bhille.

4° I gcás an tUachtarán do chur a láimhe le téacs Bille i dteanga de na teangacha oifigiúla agus sa teanga sin amháin, ní foláir tiontú oifigiúil a chur amach sa teanga oifigiúil eile.

5° Chomh luath agus is féidir é tar éis Bille a shíniú agus é a fhógairt ina dhlí, ní foláir an téacs den dlí sin lena mbeidh lámh an Uachtaráin nó, i gcás lámh an Uachtaráin a bheith le téacs Gaeilge agus le téacs Sacs-Bhéarla an dlí sin, an dá théacs sínithe sin a chur isteach ina iris nó ina n-iris in oifig Iriseoir na Cúirte Uachtaraí, agus is fianaise dhochloíte ar fhorálacha an dlí sin an téacs a chuirfear isteach ina iris, nó an dá théacs a chuirfear isteach ina n-iris, amhlaidh.

6° I gcás téacs Gaeilge agus téacs Sacs-Bhéarla de dhlí a chur isteach ina n-iris faoin alt seo agus gan an dá théacs sin a bheith de réir a chéile, is ag an téacs Gaeilge a bheidh an forlámhas.

5 1° Is dleathach don Taoiseach a thabhairt, ó am go ham faoi mar a chífear dó gá a bheith leis, go

ARTICLE 25 *(continued)*

cause to be prepared under his supervision a text (in both the official languages) of this Constitution as then in force embodying all amendments theretofore made therein.

2° A copy of every text so prepared, when authenticated by the signatures of the Taoiseach and the Chief Justice, shall be signed by the President and shall be enrolled for record in the office of the Registrar of the Supreme Court.

3° The copy so signed and enrolled which is for the time being the latest text so prepared shall, upon such enrolment, be conclusive evidence of this Constitution as at the date of such enrolment and shall for that purpose supersede all texts of this Constitution of which copies were so enrolled.

4° In case of conflict between the texts of any copy of this Constitution enrolled under this section, the text in the national language shall prevail.

Airteagal 25 *(ar leanúint)*

ndéanfar téacs (sa Ghaeilge agus sa Sacs-Bhéarla) den Bhunreacht seo, mar a bheidh i bhfeidhm an tráth sin agus ina mbeidh na leasuithe uile a bheidh déanta air go dtí sin, a ullmhú faoina threorú.

2° Gach téacs a ullmhófar amhlaidh ní foláir don Uachtarán a lámh a chur le cóip de ar bheith fíoraithe di le sínithe an Taoisigh agus an Phríomh-Bhreithimh, agus ní foláir an chóip sin a chur isteach ina hiris in oifig Iriseoir na Cúirte Uachtaraí.

3° An chóip a bheidh sínithe agus curtha isteach ina hiris amhlaidh agus arb í an téacs is deireanaí, arna ullmhú amhlaidh, in alt na huaire í, beidh sí, ar bheith curtha isteach ina hiris di amhlaidh, ina fianaise dhochloíte ar an mBunreacht seo mar a bheidh ar dháta an chóip sin a chur isteach ina hiris amhlaidh agus, chuige sin, gabhfaidh sí ionad na dtéacsanna uile den Bhunreacht seo a mbeidh cóipeanna díobh curtha isteach ina n-iris amhlaidh roimhe sin.

4° I gcás gan na téacsanna d'aon chóip áirithe den Bhunreacht seo a bheidh curtha isteach ina hiris faoin alt seo a bheith de réir a chéile, is ag an téacs Gaeilge a bheidh an forlámhas.

Reference of Bills to the Supreme Court

ARTICLE 26

This Article applies to any Bill passed or deemed to have been passed by both Houses of the Oireachtas other than a Money Bill, or a Bill expressed to be a Bill containing a proposal to amend the Constitution, or a Bill the time for the consideration of which by Seanad Éireann shall have been abridged under Article 24 of this Constitution.

1 1° The President may, after consultation with the Council of State, refer any Bill to which this Article applies to the Supreme Court for a decision on the question as to whether such Bill or any specified provision or provisions of such Bill is or are repugnant to this Constitution or to any provision thereof.

2° Every such reference shall be made not later than the seventh day after the date on which such Bill shall have been presented by the Taoiseach to the President for his signature.

3° The President shall not sign any Bill the subject of a reference to the Supreme Court under this Article pending the pronouncement of the decision of the Court.

2 1° The Supreme Court consisting of not less than five judges shall consider every question referred

Billí a chur faoi bhreith na Cúirte Uachtaraí

Airteagal 26

Baineann an tAirteagal seo le gach Bille a ritear nó a mheastar a ritheadh ag dhá Theach an Oireachtais, ach amháin Bille Airgid, nó Bille a luaitear a bheith ina Bhille a bhfuil togra ann chun an Bunreacht a leasú, nó Bille a ndearnadh an tréimhse chun a bhreithnithe ag Seanad Éireann a ghiorrú faoi Airteagal 24 den Bhunreacht seo.

1 1° Is cead don Uachtarán, tar éis comhairle a ghlacadh leis an gComhairle Stáit, aon Bhille lena mbaineann an tAirteagal seo a chur faoi bhreith na Cúirte Uachtaraí féachaint an bhfuil an Bille sin nó aon fhoráil nó aon fhorálacha áirithe de in aghaidh an Bhunreachta seo nó in aghaidh aon fhorála de.

2° I ngach cás den sórt sin ní foláir an Bille a chur faoi bhreith na Cúirte lá nach déanaí ná an seachtú lá tar éis an dáta a thairgeann an Taoiseach an Bille don Uachtarán chun a lámh a chur leis.

3° Bille ar bith a chuirtear faoi bhreith na Cúirte Uachtaraí faoin Airteagal seo, ní cead don Uachtarán a lámh a chur leis go dtí go dtugann an Chúirt a breith.

2 1° Ní foláir don Chúirt Uachtarach, cúirt ina mbeidh cúigear breitheamh ar a laghad, gach ceist

ARTICLE 26 *(continued)*

to it by the President under this Article for a decision, and, having heard arguments by or on behalf of the Attorney General and by counsel assigned by the Court, shall pronounce its decision on such question in open court as soon as may be, and in any case not later than sixty days after the date of such reference.

2° The decision of the majority of the judges of the Supreme Court shall, for the purposes of this Article, be the decision of the Court and shall be pronounced by such one of those judges as the Court shall direct, and no other opinion, whether assenting or dissenting, shall be pronounced nor shall the existence of any such other opinion be disclosed.

3 1° In every case in which the Supreme Court decides that any provision of a Bill the subject of a reference to the Supreme Court under this Article is repugnant to this Constitution or to any provision thereof, the President shall decline to sign such Bill.

2° If, in the case of a Bill to which Article 27 of this Constitution applies, a petition has been addressed to the President under that Article, that Article shall be complied with.

Airteagal 26 *(ar leanúint)*

dá gcuireann an tUachtarán faoina breith faoin Airteagal seo a bhreithniú agus, tar éis éisteacht le hargóintí ón Ard-Aighne nó thar a cheann agus ó abhcóidí a thoghfar ag an gCúirt, ní foláir di a breith ar an gceist sin a thabhairt sa chúirt go poiblí chomh luath agus is féidir é agus, ar aon chuma, lá nach déanaí ná seasca lá tar éis an cheist a chur faoina breith.

2° An bhreith a bheireann an tromlach de bhreithiúna na Cúirte Uachtaraí, sin í breith na Cúirte chun críocha an Airteagail seo agus is é a chraolfas an bhreith sin ná an duine sin de na breithiúna sin a cheapfaidh an Chúirt chuige sin, agus ní cead tuairim ar bith eile, ag aontú nó ag easaontú leis an mbreith sin, a chraoladh ná ní cead a nochtadh tuairim ar bith eile den sórt sin a bheith ann.

3 1° I gcás aon Bhille a chuirtear faoi bhreith na Cúirte Uachtaraí faoin Airteagal seo, más é breith na Cúirte go bhfuil aon fhoráil de in aghaidh an Bhunreachta seo nó in aghaidh aon fhorála de, ní foláir don Uachtarán diúltú dá lámh a chur leis an mBille sin.

2° I gcás achainí a bheith curtha chun an Uachtaráin faoi Airteagal 27 den Bhunreacht seo i dtaobh Bille lena mbaineann an tAirteagal sin, ní foláir an tAirteagal sin a chomhlíonadh.

ARTICLE 26 *(continued)*

3° In every other case the President shall sign the Bill as soon as may be after the date on which the decision of the Supreme Court shall have been pronounced.

Reference of Bills to the People

ARTICLE 27

This Article applies to any Bill, other than a Bill expressed to be a Bill containing a proposal for the amendment of this Constitution, which shall have been deemed, by virtue of Article 23 hereof, to have been passed by both Houses of the Oireachtas.

1 A majority of the members of Seanad Éireann and not less than one-third of the members of Dáil Éireann may by a joint petition addressed to the President by them under this Article request the President to decline to sign and promulgate as a law any Bill to which this article applies on the ground that the Bill contains a proposal of such national importance that the will of the people thereon ought to be ascertained.

2 Every such petition shall be in writing and shall be signed by the petitioners whose signatures shall be verified in the manner prescribed by law.

Airteagal 26 *(ar leanúint)*

3° I ngach cás eile ní foláir don Uachtarán a lámh a chur leis an mBille chomh luath agus is féidir é tar éis an lae a bheireann an Chúirt Uachtarach a breith.

Billí a chur faoi bhreith an Phobail

Airteagal 27

Baineann an tAirteagal seo le gach Bille, seachas Bille a luaitear a bheith ina Bhille a bhfuil togra ann chun an Bunreacht seo a leasú, a mheastar, de bhua Airteagal 23 den Bhunreacht seo, a ritheadh ag dhá Theach an Oireachtais.

1 Is cead do thromlach de chomhaltaí Sheanad Éireann, i bhfochair trian ar a laghad de chomhaltaí Dháil Éireann, comhachainí a chur chun an Uachtaráin faoin Airteagal seo, á iarraidh air diúltú dá lámh a chur le haon Bhille lena mbaineann an tAirteagal seo agus don Bhille sin a fhógairt ina dhlí, toisc togra a bheith ann ina bhfuil an oiread sin tábhacht náisiúnta gur chóir breith an phobail a fháil air.

2 Ní foláir gach achainí den sórt sin a bheith i scríbhinn agus í a bheith faoi láimh an lucht achainí agus ní foláir a sínithe sin a bheith fíoraithe ar an modh a ordáitear le dlí.

ARTICLE 27 *(continued)*

3 Every such petition shall contain a statement of the particular ground or grounds on which the request is based, and shall be presented to the President not later than four days after the date on which the Bill shall have been deemed to have been passed by both Houses of the Oireachtas.

4 1° Upon receipt of a petition addressed to him under this Article, the President shall forthwith consider such petition and shall, after consultation with the Council of State, pronounce his decision thereon not later than ten days after the date on which the Bill to which such petition relates shall have been deemed to have been passed by both Houses of the Oireachtas.

2° If the Bill or any provision thereof is or has been referred to the Supreme Court under Article 26 of this Constitution, it shall not be obligatory on the President to consider the petition unless or until the Supreme Court has pronounced a decision on such reference to the effect that the said Bill or the said provision thereof is not repugnant to this Constitution or to any provision thereof, and, if a decision to that effect is pronounced by the Supreme Court, it shall not be obligatory on the President to pronounce his decision on the petition before the expiration of six days after the day on which the decision of the Supreme Court to the effect aforesaid is pronounced.

Airteagal 27 *(ar leanúint)*

3 Ní foláir léirthuairisc a bheith i ngach achainí den sórt sin ar an ábhar nó ar na hábhair áirithe ar a bhfuil sí bunaithe, agus í a thairiscint don Uachtarán lá nach déanaí ná ceithre lá tar éis an dáta a meastar a ritheadh an Bille ag dhá Theach an Oireachtais.

4 1° Chomh luath agus a gheibheann an tUachtarán achainí faoin Airteagal seo ní foláir dó í a bhreithniú agus, tar éis comhairle a ghlacadh leis an gComhairle Stáit, a bhreith a thabhairt uirthi lá nach déanaí ná deich lá tar éis an lae a meastar a ritheadh, ag dhá Theach an Oireachtais, an Bille sin lena mbaineann an achainí.

2° I gcás an Bille nó aon fhoráil de a chur faoi bhreith na Cúirte Uachtaraí faoi Airteagal 26 den Bhunreacht seo ní bheidh ar an Uachtarán an achainí a bhreithniú mura ndéana ná go dtí go ndéanfaidh an Chúirt Uachtarach, de dhroim an churtha faoi bhreith sin, breith a chraoladh á dhearbhú gan an Bille sin nó an fhoráil sin de a bheith in aghaidh an Bhunreachta seo ná in aghaidh aon fhorála de agus, i gcás an Chúirt Uachtarach do chraoladh breithe á dhearbhú sin, ní bheidh ar an Uachtarán a bhreith ar an achainí a chraoladh go ceann sé lá tar éis an lae a chraolfar breith na Cúirte Uachtaraí ag dearbhú mar a dúradh.

ARTICLE 27 *(continued)*

5 1° In every case in which the President decides that a Bill the subject of a petition under this Article contains a proposal of such national importance that the will of the people thereon ought to be ascertained, he shall inform the Taoiseach and the Chairman of each House of the Oireachtas accordingly in writing under his hand and Seal and shall decline to sign and promulgate such Bill as a law unless and until the proposal shall have been approved either

i by the people at a Referendum in accordance with the provisions of section 2 of Article 47 of this Constitution within a period of eighteen months from the date of the President's decision, or

ii by a resolution of Dáil Éireann passed within the said period after a dissolution and re-assembly of Dáil Éireann.

2° Whenever a proposal contained in a Bill the subject of a petition under this Article shall have been approved either by the people or by a resolution of Dáil Éireann in accordance with the foregoing provisions of this section, such Bill shall as soon as may be after such approval be presented to the President for his signature and promulgation by him as a law and the President shall thereupon sign the Bill and duly promulgate it as a law.

Airteagal 27 *(ar leanúint)*

5 1° I gcás gach Bille is siocair d'achainí faoin Airteagal seo, más é breith an Uachtaráin go bhfuil togra ann ina bhfuil an oiread sin tábhacht náisiúnta gur chóir breith an phobail a fháil air, ní foláir dó scríbhinn faoina láimh agus faoina Shéala a chur go dtí an Taoiseach agus go dtí Cathaoirleach gach Tí den Oireachtas á chur sin in iúl dóibh, agus diúltú dá lámh a chur leis an mBille sin agus dá fhógairt ina dhlí mura nglactar, agus go dtí go nglactar, an togra

i le toil an phobail i Reifreann de réir forálacha alt 2 d'Airteagal 47 den Bhunreacht seo, taobh istigh d'ocht mí dhéag ón lá a bheireann an tUachtarán a bhreith, nó

ii le rún ó Dháil Éireann arna rith taobh istigh den tréimhse réamhráite i ndiaidh lánscor agus ationól do Dháil Éireann.

2° Cibé uair a dhéantar togra a bhíonn i mBille is siocair d'achainí faoin Airteagal seo a ghlacadh le toil an phobail nó le rún ó Dháil Éireann de réir na bhforálacha sin romhainn den alt seo, ní foláir an Bille sin a thairiscint don Uachtarán chomh luath agus is féidir é tar éis a ghlactha, chun a lámh a chur leis agus é a fhógairt ina dhlí, agus air sin ní foláir don Uachtarán a lámh a chur leis an mBille agus é a fhógairt go cuí ina dhlí.

Article 27 *(continued)*

6 In every case in which the President decides that a Bill the subject of a petition under this Article does not contain a proposal of such national importance that the will of the people thereon ought to be ascertained, he shall inform the Taoiseach and the Chairman of each House of the Oireachtas accordingly in writing under his hand and Seal, and such Bill shall be signed by the President not later than eleven days after the date on which the Bill shall have been deemed to have been passed by both Houses of the Oireachtas and shall be duly promulgated by him as a law.

The Government

Article 28

1 The Government shall consist of not less than seven and not more than fifteen members who shall be appointed by the President in accordance with the provisions of this Constitution.

2 The executive power of the State shall, subject to the provisions of this Constitution, be exercised by or on the authority of the Government.

Airteagal 27 *(ar leanúint)*

6 I gcás gach Bille is siocair d'achainí faoin Airteagal seo, más é breith an Uachtaráin nach bhfuil aon togra ann ina bhfuil an oiread sin tábhacht náisiúnta gur chóir breith an phobail a fháil air, ní foláir dó scríbhinn faoina láimh agus faoina Shéala a chur go dtí an Taoiseach agus go dtí Cathaoirleach gach Tí den Oireachtas á chur sin in iúl dóibh, agus a lámh a chur leis an mBille sin lá nach déanaí ná aon lá dhéag tar éis an lae a meastar a ritheadh an Bille sin ag dhá Theach an Oireachtais, agus é a fhógairt go cuí ina dhlí.

An Rialtas

Airteagal 28

1 Mórsheisear ar a laghad, agus cúig dhuine dhéag ar a mhéid, líon comhaltaí an Rialtais, agus is é an tUachtarán a cheapfas na comhaltaí sin de réir forálacha an Bhunreachta seo.

2 Faoi chuimsiú forálacha an Bhunreachta seo, is é an Rialtas a oibreos, nó is le húdarás an Rialtais a oibreofar, cumhacht chomhallach an Stáit.

Article 28 *(continued)*

3 1° War shall not be declared and the State shall not participate in any war save with the assent of Dáil Éireann.

2° In the case of actual invasion, however, the Government may take whatever steps they may consider necessary for the protection of the State, and Dáil Éireann if not sitting shall be summoned to meet at the earliest practicable date.

3° Nothing in this Constitution other than Article 15.5.2° shall be invoked to invalidate any law enacted by the Oireachtas which is expressed to be for the purpose of securing the public safety and the preservation of the State in time of war or armed rebellion, or to nullify any act done or purporting to be done in time of war or armed rebellion in pursuance of any such law. In this subsection "time of war" includes a time when there is taking place an armed conflict in which the State is not a participant but in respect of which each of the Houses of the Oireachtas shall have resolved that, arising out of such armed conflict, a national emergency exists affecting the vital interests of the State and "time of war or armed rebellion" includes such time after the termination of any war, or of any such armed conflict as aforesaid, or of an armed rebellion, as may elapse until each of the Houses of the Oireachtas shall have resolved that the national emergency occasioned by such

Airteagal 28 *(ar leanúint)*

3 1° Ní dleathach cogadh a fhógairt ná páirt a bheith ag an Stát in aon chogadh ach amháin le haontú Dháil Éireann.

2° Ach féadfaidh an Rialtas, i gcás ionraidh, aon ní a dhéanamh a mheasfaid a bheith riachtanach chun an Stát a chosaint, agus mura mbeidh Dáil Éireann ina suí ní foláir í a thionól chomh luath agus is féidir é.

3° Ní cead aon ní dá bhfuil sa Bhunreacht seo seachas Airteagal 15.5.2° a agairt chun aon dlí dá n-achtaíonn an tOireachtas a chur ó bhail má luaitear ann gur dlí é chun slándáil an phobail a chur in áirithe agus chun an Stát a chaomhnú in aimsir chogaidh nó ceannairce faoi arm, ná chun aon ghníomh dá ndéantar nó a bheireann le tuiscint gur gníomh é a dhéantar in aimsir chogaidh nó ceannairce faoi arm de bhun aon dlí den sórt sin, a chur ar neamhní. San fho-alt seo, folaíonn "aimsir chogaidh" tráth a bheidh coinbhleacht faoi arm ar siúl nach mbeidh an Stát páirteach ann ach go mbeidh beartaithe ag gach Teach den Oireachtas ina thaobh le rún go bhfuil ann, de dheasca an choinbhleachta sin faoi arm, staid phráinne náisiúnta a dhéanann difear do bhonn beatha an Stáit agus folaíonn "aimsir chogaidh nó ceannairce faoi arm" an tréimhse aimsire sin a bheidh idir an tráth a chuirfear deireadh le haon chogadh, nó le haon choinbhleacht faoi arm den sórt sin

Article 28 *(continued)*

war, armed conflict, or armed rebellion has ceased to exist.

4 1° The Government shall be responsible to Dáil Éireann.

2° The Government shall meet and act as a collective authority, and shall be collectively responsible for the Departments of State administered by the members of the Government.

3° The confidentiality of discussions at meetings of the Government shall be respected in all circumstances save only where the High Court determines that disclosure should be made in respect of a particular matter –

i in the interests of the administration of justice by a Court, or

ii by virtue of an overriding public interest, pursuant to an application in that behalf by a tribunal appointed by the Government or a Minister of the Government on the authority of the Houses of the Oireachtas to inquire into a matter stated by them to be of public importance.

Airteagal 28 *(ar leanúint)*

réamhráite, nó le ceannairc faoi arm agus an tráth a bheartóidh gach Teach den Oireachtas le rún nach ann a thuilleadh don staid phráinne náisiúnta arbh é an cogadh sin, nó an coinbhleacht sin faoi arm, nó an cheannairc sin faoi arm faoi deara é.

4 1° Tá an Rialtas freagrach do Dháil Éireann.

2° I gcomhúdarás a thiocfaidh an Rialtas le chéile agus a ghníomhóid, agus táid go léir le chéile freagrach sna Ranna Stáit a riartar ag comhaltaí an Rialtais.

3° Déanfar rúndacht na bpléití ag cruinnithe den Rialtas a urramú i ngach toisc ach amháin i gcás ina gcinnfidh an Ard-Chúirt gur ceart nochtadh a dhéanamh i dtaobh ní áirithe –

i ar mhaithe le riaradh cirt ag Cúirt, nó

ii de bhua leasa phoiblí sháraithigh, de bhun iarratais chuige sin ó bhinse arna cheapadh ag an Rialtas nó ag Aire den Rialtas le húdarás Thithe an Oireachtais chun fiosrú a dhéanamh faoi ní a luafaidh siad ina thaobh go bhfuil tábhacht phoiblí ann.

ARTICLE 28 *(continued)*

4° The Government shall prepare Estimates of the Receipts and Estimates of the Expenditure of the State for each financial year, and shall present them to Dáil Éireann for consideration.

5 1° The head of the Government, or Prime Minister, shall be called, and is in this Constitution referred to as, the Taoiseach.

2° The Taoiseach shall keep the President generally informed on matters of domestic and international policy.

6 1° The Taoiseach shall nominate a member of the Government to be the Tánaiste.

2° The Tánaiste shall act for all purposes in the place of the Taoiseach if the Taoiseach should die, or become permanently incapacitated, until a new Taoiseach shall have been appointed.

3° The Tánaiste shall also act for or in the place of the Taoiseach during the temporary absence of the Taoiseach.

7 1° The Taoiseach, the Tánaiste and the member of the Government who is in charge of the Department of Finance must be members of Dáil Éireann.

AIRTEAGAL 28 *(ar leanúint)*

4° Ní foláir don Rialtas Meastacháin ar Fháltas an Stáit agus Meastacháin ar Chaitheamh Airgid an Stáit a ullmhú i gcomhair gach bliana airgeadais, agus iad a chur os comhair Dháil Éireann chun a mbreithnithe.

5 1° An Taoiseach is teideal do cheann an Rialtais, .i. an Príomh-Aire, agus sin é a bheirtear air sa Bhunreacht seo.

2° Ní foláir don Taoiseach eolas i gcoitinne a thabhairt don Uachtarán ar nithe a bhaineas le beartas inmheánach agus le beartas idirnáisiúnta.

6 1° Ní foláir don Taoiseach comhalta den Rialtas a ainmniú chun bheith ina Thánaiste.

2° Má éagann an Taoiseach nó má ghabhann míthreoir bhuan é, ní foláir don Tánaiste gníomhú chun gach críche in ionad an Taoisigh nó go gceaptar Taoiseach eile.

3° Ní foláir don Tánaiste, fairis sin, gníomhú thar ceann nó in ionad an Taoisigh le linn eisean a bheith as láthair go sealadach.

7 1° Ní foláir an Taoiseach agus an Tánaiste agus an comhalta sin den Rialtas a bheas i mbun an Roinn Airgeadais a bheith ina gcomhaltaí de Dháil Éireann.

ARTICLE 28 *(continued)*

2° The other members of the Government must be members of Dáil Éireann or Seanad Éireann, but not more than two may be members of Seanad Éireann.

8 Every member of the Government shall have the right to attend and be heard in each House of the Oireachtas.

9 1° The Taoiseach may resign from office at any time by placing his resignation in the hands of the President.

2° Any other member of the Government may resign from office by placing his resignation in the hands of the Taoiseach for submission to the President.

3° The President shall accept the resignation of a member of the Government, other than the Taoiseach, if so advised by the Taoiseach.

4° The Taoiseach may at any time, for reasons which to him seem sufficient, request a member of the Government to resign; should the member concerned fail to comply with the request, his appointment shall be terminated by the President if the Taoiseach so advises.

10 The Taoiseach shall resign from office upon his ceasing to retain the support of a majority in Dáil

Airteagal 28 *(ar leanúint)*

2° Ní foláir na comhaltaí eile den Rialtas a bheith ina gcomhaltaí de Dháil Éireann nó de Sheanad Éireann ach ní dleathach thar beirt acu a bheith ina gcomhaltaí de Sheanad Éireann.

8 Tá sé de cheart ag gach comhalta den Rialtas bheith i láthair agus labhairt i ngach Teach den Oireachtas.

9 1° Tig leis an Taoiseach éirí as oifig uair ar bith trína chur sin in iúl don Uachtarán.

2° Tig le haon chomhalta eile den Rialtas éirí as oifig trína chur sin in iúl don Taoiseach chun an scéal a chur faoi bhráid an Uachtaráin.

3° Ní foláir don Uachtarán glacadh le haon chomhalta den Rialtas, seachas an Taoiseach, d'éirí as oifig má chomhairlíonn an Taoiseach é sin dó.

4° Tig leis an Taoiseach uair ar bith, ar ábhair is leor leis féin, a iarraidh ar chomhalta den Rialtas éirí as oifig; mura ndéana an comhalta sin de réir na hachainí sin, ní foláir don Uachtarán an comhalta sin a chur as oifig má chomhairlíonn an Taoiseach dó é.

10 Aon uair nach leanann tromlach i nDáil Éireann de bheith i dtacaíocht leis an Taoiseach, ní foláir

Article 28 *(continued)*

Éireann unless on his advice the President dissolves Dáil Éireann and on the reassembly of Dáil Éireann after the dissolution the Taoiseach secures the support of a majority in Dáil Éireann.

11 1° If the Taoiseach at any time resigns from office the other members of the Government shall be deemed also to have resigned from office, but the Taoiseach and the other members of the Government shall continue to carry on their duties until their successors shall have been appointed.

2° The members of the Government in office at the date of a dissolution of Dáil Éireann shall continue to hold office until their successors shall have been appointed.

12 The following matters shall be regulated in accordance with law, namely, the organization of, and distribution of business amongst, Departments of State, the designation of members of the Government to be the Ministers in charge of the said Departments, the discharge of the functions of the office of a member of the Government during his temporary absence or incapacity, and the remuneration of the members of the Government.

Airteagal 28 *(ar leanúint)*

dósan éirí as oifig mura lánscoireann an tUachtarán Dáil Éireann ar chomhairle an Taoisigh agus go n-éiríonn leis an Taoiseach tacaíocht tromlaigh i nDáil Éireann a fháil ar ationól do Dháil Éireann i ndiaidh an lánscoir.

11 1° Má éiríonn an Taoiseach as oifig tráth ar bith, ní foláir a mheas go n-éiríonn an chuid eile de chomhaltaí an Rialtais as oifig fairis sin; ach leanfaidh an Taoiseach agus an chuid eile de chomhaltaí an Rialtais dá ndualgais nó go gceaptar a gcomharbaí.

2° Na comhaltaí den Rialtas a bheas in oifig lá lánscortha Dháil Éireann, leanfaid dá n-oifig nó go gceaptar a gcomharbaí.

12 Is de réir dlí a rialófar na nithe seo a leanas .i. Ranna Stáit a chomheagrú agus gnó a roinnt orthu, comhaltaí den Rialtas a cheapadh chun bheith ina nAirí i mbun na Ranna sin, na feidhmeanna a bhaineas le hoifig chomhalta den Rialtas a chomhlíonadh le linn an comhalta sin a bheith tamall as láthair nó ar míthreoir, agus tuarastal comhaltaí an Rialtais.

Local Government

Article 28A

1 The State recognises the role of local government in providing a forum for the democratic representation of local communities, in exercising and performing at local level powers and functions conferred by law and in promoting by its initiatives the interests of such communities.

2 There shall be such directly elected local authorities as may be determined by law and their powers and functions shall, subject to the provisions of this Constitution, be so determined and shall be exercised and performed in accordance with law.

3 Elections for members of such local authorities shall be held in accordance with law not later than the end of the fifth year after the year in which they were last held.

4 Every citizen who has the right to vote at an election for members of Dáil Éireann and such other persons as may be determined by law shall have the right to vote at an election for members of such of the local authorities referred to in section 2 of this Article as shall be determined by law.

5 Casual vacancies in the membership of local authorities referred to in section 2 of this Article shall be filled in accordance with law.

Rialtas Áitiúil

Airteagal 28A

1 Admhaíonn an Stát an ról atá ag rialtas áitiúil maidir le fóram a chur ar fáil le haghaidh ionadaíochta daonlathaí do phobail áitiúla, maidir le cumhachtaí agus feidhmeanna a bheirtear le dlí a oibriú agus a chomhlíonadh ag leibhéal áitiúil agus maidir le leasanna na bpobal sin a chur chun cinn trína thionscnaimh.

2 Beidh cibé údaráis áitiúla dhírthofa ann a chinnfear le dlí agus déanfar a gcumhachtaí agus a bhfeidhmeanna a chinneadh amhlaidh, faoi chuimsiú fhorálacha an Bhunreachta seo, agus oibreofar agus comhlíonfar iad de réir dlí.

3 Ní foláir toghcháin do chomhaltaí de na húdaráis áitiúla sin a dhéanamh de réir dlí tráth nach déanaí ná deireadh an cúigiú bliain tar éis na bliana ina ndearnadh go deireanach iad.

4 Gach saoránach ag a bhfuil ceart vótála i dtoghchán comhaltaí do Dháil Éireann agus cibé daoine eile a chinnfear le dlí, beidh ceart vótála acu i dtoghchán comhaltaí cibé údaráis áitiúla dá dtagraítear in alt 2 den Airteagal seo a chinnfear le dlí.

5 Déanfar corrfholúntais i gcomhaltas údarás áitiúil dá dtagraítear in alt 2 den Airteagal seo a líonadh de réir dlí.

International Relations

Article 29

1 Ireland affirms its devotion to the ideal of peace and friendly co-operation amongst nations founded on international justice and morality.

2 Ireland affirms its adherence to the principle of the pacific settlement of international disputes by international arbitration or judicial determination.

3 Ireland accepts the generally recognised principles of international law as its rule of conduct in its relations with other States.

4 1° The executive power of the State in or in connection with its external relations shall in accordance with Article 28 of this Constitution be exercised by or on the authority of the Government.

2° For the purpose of the exercise of any executive function of the State in or in connection with its external relations, the Government may to such extent and subject to such conditions, if any, as may be determined by law, avail of or adopt any organ, instrument, or method of procedure used or adopted for the like purpose by the members of any group or league of nations with which the State is or becomes associated for

Caidreamh Idirnáisiúnta

Airteagal 29

1 Dearbhaíonn Éire gur mian léi síocháin agus comhar, de réir an chothroim idirnáisiúnta agus na moráltachta idirnáisiúnta, a bheith ar bun idir náisiúin an domhain.

2 Dearbhaíonn Éire fós gur mian léi go ndéanfaí gach achrann idir náisiúin a réiteach go síochánta le headráin idirnáisiúnta nó le cinneadh breithiúnach.

3 Glacann Éire le bunrialacha gnáth-admhaithe an dlí idirnáisiúnta le bheith ina dtreoir d'Éirinn ina caidreamh le Stáit eile.

4 1° De réir Airteagal 28 den Bhunreacht seo is é an Rialtas a oibreos, nó is le húdarás an Rialtais a oibreofar, cumhacht chomhallach an Stáit maidir lena chaidreamh eachtrach.

2° Ionas go bhféadfar aon fheidhm chomhallach leis an Stát a oibriú maidir lena chaidreamh eachtrach féadfaidh an Rialtas, sa mhéid go gcinnfear le dlí agus faoi chuimsiú cibé coinníollacha a chinnfear le dlí, má chinntear, aon organ stáit nó sás nó nós imeachta a chur chun críche nó a ghlacadh a chuirtear chun críche nó a ghlactar chun a leithéid sin de chuspóir ag na náisiúin is comhaltaí d'aon bhuíon nó d'aon

ARTICLE 29 *(continued)*

the purpose of international co-operation in matters of common concern.

3° The State may become a member of the European Atomic Energy Community (established by Treaty signed at Rome on the 25th day of March, 1957).

4° Ireland affirms its commitment to the European Union within which the member states of that Union work together to promote peace, shared values and the well-being of their peoples.

5° The State may ratify the Treaty of Lisbon amending the Treaty on European Union and the Treaty establishing the European Community, signed at Lisbon on the 13th day of December 2007 ("Treaty of Lisbon"), and may be a member of the European Union established by virtue of that Treaty.

6° No provision of this Constitution invalidates laws enacted, acts done or measures adopted by the State, before, on or after the entry into force of the Treaty of Lisbon, that are necessitated by the obligations of membership of the European Union referred to in subsection 5° of this section or of the European Atomic Energy Community, or

AIRTEAGAL 29 *(ar leanúint)*

chumann de náisiúin a bhfuil nó a mbeidh an Stát i gcomhlachas leo le haghaidh comhair idirnáisiúnta i gcúrsaí a bhaineas leo uile.

3° Tig leis an Stát a bheith ina chomhalta den Chomhphobal Eorpach do Fhuinneamh Adamhach (a bunaíodh le Conradh a síníodh sa Róimh an 25ú lá de Mhárta, 1957).

4° Dearbhaíonn Éire a tiomantas i leith an Aontais Eorpaigh ar laistigh de a oibríonn ballstáit an Aontais sin le chéile chun an tsíocháin, comhluachanna agus leas a bpobal a chur chun cinn.

5° Tig leis an Stát Conradh Liospóin ag leasú an Chonartha ar an Aontas Eorpach agus an Chonartha ag bunú an Chomhphobail Eorpaigh, arna shíniú i Liospóin an 13ú lá de Nollaig 2007 ("Conradh Liospóin"), a dhaingniú agus tig leis a bheith ina chomhalta den Aontas Eorpach a bhunaítear de bhua an Chonartha sin.

6° Ní dhéanann aon fhoráil atá sa Bhunreacht seo dlíthe a d'achtaigh, gníomhartha a rinne nó bearta a ghlac an Stát roimh theacht i bhfeidhm do Chonradh Liospóin, ar theacht i bhfeidhm dó nó tar éis teacht i bhfeidhm dó, de bhíthin riachtanais na n-oibleagáidí mar chomhalta den Aontas Eorpach dá dtagraítear i bhfo-alt 5° den alt seo nó

ARTICLE 29 *(continued)*

prevents laws enacted, acts done or measures adopted by—

i the said European Union or the European Atomic Energy Community, or institutions thereof,
ii the European Communities or European Union existing immediately before the entry into force of the Treaty of Lisbon, or institutions thereof, or
iii bodies competent under the treaties referred to in this section,

from having the force of law in the State.

7° The State may exercise the options or discretions—

i to which Article 20 of the Treaty on European Union relating to enhanced cooperation applies,
ii under Protocol No. 19 on the Schengen acquis integrated into the framework of the European Union annexed to that treaty and to the Treaty on the Functioning of the European Union (formerly known as the Treaty establishing the European Community), and

Airteagal 29 *(ar leanúint)*

den Chomhphobal Eorpach um Fhuinneamh Adamhach, a chur ó bhail dlí ná cosc a chur le dlíthe a d'achtaigh, gníomhartha a rinne nó bearta a ghlac—

i an tAontas Eorpach sin nó an Comhphobal Eorpach um Fhuinneamh Adamhach nó institiúidí den chéanna,

ii na Comhphobail Eorpacha nó an tAontas Eorpach a bheidh ar marthain díreach roimh theacht i bhfeidhm do Chonradh Liospóin, nó institiúidí den chéanna, nó

iii comhlachtaí atá inniúil faoi na conarthaí dá dtagraítear san alt seo,

ó fheidhm dlí a bheith acu sa Stát.

7° Tig leis an Stát na roghnuithe nó na roghanna a fheidhmiú—

i a bhfuil feidhm ag Airteagal 20 den Chonradh ar an Aontas Eorpach a bhaineann le comhar feabhsaithe maidir leo,

ii faoi Phrótacal Uimh. 19 maidir le acquis Schengen arna lánpháirtiú i gcreat an Aontais Eorpaigh atá i gceangal leis an gconradh sin agus leis an gConradh ar Fheidhmiú an Aontais Eorpaigh (ar a dtugtaí an Conradh ag bunú an Chomhphobail Eorpaigh), agus

ARTICLE 29 *(continued)*

iii under Protocol No. 21 on the position of the United Kingdom and Ireland in respect of the area of freedom, security and justice, so annexed, including the option that the said Protocol No. 21 shall, in whole or in part, cease to apply to the State,

but any such exercise shall be subject to the prior approval of both Houses of the Oireachtas.

8° The State may agree to the decisions, regulations or other acts—

i under the Treaty on European Union and the Treaty on the Functioning of the European Union authorising the Council of the European Union to act other than by unanimity,

ii under those treaties authorising the adoption of the ordinary legislative procedure, and

iii under subparagraph (d) of Article 82.2, the third subparagraph of Article 83.1 and paragraphs 1 and 4 of Article 86 of the Treaty on the Functioning of the European Union, relating to the area of freedom, security and justice,

Airteagal 29 *(ar leanúint)*

iii faoi Phrótacal Uimh. 21 maidir le seasamh na Ríochta Aontaithe agus na hÉireann i dtaca leis an limistéar saoirse, slándála agus ceartais, atá i gceangal amhlaidh, lena n-áirítear an rogha go scoirfidh an Prótacal sin Uimh. 21, go hiomlán nó go páirteach, d'fheidhm a bheith aige maidir leis an Stát,

ach beidh aon fheidhmiú den sórt sin faoi réir ceadú a fháil roimh ré ó dhá Theach an Oireachtais.

8° Tig leis an Stát aontú leis na cinntí, leis na rialacháin nó leis na gníomhartha eile arna ndéanamh—

i faoin gConradh ar an Aontas Eorpach agus faoin gConradh ar Fheidhmiú an Aontais Eorpaigh á údarú do Chomhairle an Aontais Eorpaigh gníomhú ar shlí seachas d'aontoil,

ii faoi na conarthaí sin lena n-údaraítear an gnáthnós imeachta reachtach a ghlacadh, agus

iii faoi fhomhír (d) d'Airteagal 82.2, faoin tríú fomhír d'Airteagal 83.1 agus faoi mhíreanna 1 agus 4 d'Airteagal 86 den Chonradh ar Fheidhmiú an Aontais Eorpaigh, a bhaineann leis an limistéar saoirse, slándála agus ceartais,

ARTICLE 29 *(continued)*

but the agreement to any such decision, regulation or act shall be subject to the prior approval of both Houses of the Oireachtas.

9° The State shall not adopt a decision taken by the European Council to establish a common defence pursuant to Article 42 of the Treaty on European Union where that common defence would include the State.

10° The State may ratify the Treaty on Stability, Coordination and Governance in the Economic and Monetary Union done at Brussels on the 2nd day of March 2012. No provision of this Constitution invalidates laws enacted, acts done or measures adopted by the State that are necessitated by the obligations of the State under that Treaty or prevents laws enacted, acts done or measures adopted by bodies competent under that Treaty from having the force of law in the State.

5 1° Every international agreement to which the State becomes a party shall be laid before Dáil Éireann.

2° The State shall not be bound by any international agreement involving a charge upon

Airteagal 29 *(ar leanúint)*

ach beidh aontú le haon chinneadh, rialachán nó gníomh den sórt sin faoi réir ceadú a fháil roimh ré ó dhá Theach an Oireachtais.

9° Ní ghlacfaidh an Stát cinneadh arna dhéanamh ag an gComhairle Eorpach chun comhchosaint a bhunú de bhun Airteagal 42 den Chonradh ar an Aontas Eorpach i gcás go mbeadh an Stát san áireamh sa chomhchosaint sin.

10° Féadfaidh an Stát an Conradh ar Chobhsaíocht, ar Chomhordú agus ar Rialachas san Aontas Eacnamaíoch agus Airgeadaíochta arna dhéanamh sa Bhruiséil an 2ú lá de Mhárta 2012 a dhaingniú. Ní dhéanann aon fhoráil atá sa Bhunreacht seo dlíthe a d'achtaigh, gníomhartha a rinne nó bearta a ghlac an Stát de bhíthin riachtanais na n-oibleagáidí atá ar an Stát faoin gConradh sin a chur ó bhail dlí ná cosc a chur le dlíthe a d'achtaigh, gníomhartha a rinne nó bearta a ghlac comhlachtaí atá inniúil faoin gConradh sin ó fheidhm dlí a bheith acu sa Stát.

5 1° Ní foláir gach conradh idirnáisiúnta ina mbeidh an Stát páirteach a leagan os comhair Dháil Éireann.

2° Aon chonradh idirnáisiúnta a chuirfeadh costas ar an gciste poiblí ní bheidh sé ina cheangal ar an

ARTICLE 29 *(continued)*

public funds unless the terms of the agreement shall have been approved by Dáil Éireann.

3° This section shall not apply to agreements or conventions of a technical and administrative character.

6 No international agreement shall be part of the domestic law of the State save as may be determined by the Oireachtas.

7 1° The State may consent to be bound by the British-Irish Agreement done at Belfast on the 10th day of April, 1998, hereinafter called the Agreement.

2° Any institution established by or under the Agreement may exercise the powers and functions thereby conferred on it in respect of all or any part of the island of Ireland notwithstanding any other provision of this Constitution conferring a like power or function on any person or any organ of State appointed under or created or established by or under this Constitution. Any power or function conferred on such an institution in relation to the settlement or resolution of disputes or controversies may be in addition to or in substitution for any like power or

Airteagal 29 *(ar leanúint)*

Stát mura dtoilí Dáil Éireann le téarmaí an chonartha.

3° Ní bhaineann an t-alt seo le conarthaí ná le comhaontuithe ar chúrsaí teicnice agus riaracháin.

6 Ní bheidh aon chonradh idirnáisiúnta ina chuid de dhlí inmheánach an Stáit ach mar a chinnfidh an tOireachtas.

7 1° Tig leis an Stát a thoiliú a bheith faoi cheangal ag Comhaontú na Breataine-na hÉireann, arna dhéanamh i mBéal Feirste an 10ú lá d'Aibreán, 1998, ar a dtugtar an Comhaontú sa Bhunreacht seo feasta.

2° Tig le haon institiúid a bhunófar leis an gComhaontú nó faoin gComhaontú na cumhachtaí agus na feidhmeanna a fheidhmiú a thugtar di dá chionn sin i leith oileán na hÉireann ar fad nó i leith aon chuid de d'ainneoin aon fhorála eile den Bhunreacht seo lena dtugtar cumhacht nó feidhm dá samhail d'aon duine nó d'aon organ Stáit arna cheapadh faoin mBunreacht seo nó arna chruthú nó arna bhunú leis an mBunreacht seo nó faoin mBunreacht seo. Féadfaidh aon chumhacht nó aon fheidhm a thabharfar d'institiúid den sórt sin i ndáil le hachrainn nó conspóidí a réiteach nó a shocrú a

ARTICLE 29 *(continued)*

function conferred by this Constitution on any such person or organ of State as aforesaid.

8 The State may exercise extra-territorial jurisdiction in accordance with the generally recognised principles of international law.

9 The State may ratify the Rome Statute of the International Criminal Court done at Rome on the 17th day of July, 1998.

THE ATTORNEY GENERAL

ARTICLE 30

1 There shall be an Attorney General who shall be the adviser of the Government in matters of law and legal opinion, and shall exercise and perform all such powers, functions and duties as are conferred or imposed on him by this Constitution or by law.

2 The Attorney General shall be appointed by the President on the nomination of the Taoiseach.

3 All crimes and offences prosecuted in any court constituted under Article 34 of this Constitution other than a court of summary jurisdiction shall

Airteagal 29 *(ar leanúint)*

bheith i dteannta nó in ionad aon chumhachta nó aon fheidhme dá samhail a thugtar leis an mBunreacht seo d'aon duine den sórt sin nó d'aon organ Stáit den sórt sin mar a dúradh.

8 Tig leis an Stát dlínse a fheidhmiú taobh amuigh dá chríoch de réir bhunrialacha gnáth-admhaithe an dlí idirnáisiúnta.

9 Tig leis an Stát Reacht na Róimhe den Chúirt Choiriúil Idirnáisiúnta, a rinneadh sa Róimh an 17ú lá d'Iúil, 1998, a dhaingniú

An tArd-Aighne

Airteagal 30

1 Beidh Ard-Aighne ann, agus is é is comhairleach don Rialtas i gcúrsaí dlí agus tuairimí dlí, agus ní foláir dó gach cumhacht, gach feidhm agus gach dualgas dá mbronntar nó dá gcuirtear air leis an mBunreacht seo nó le dlí a oibriú agus a chomhlíonadh.

2 Is ag an Uachtarán a cheapfar an tArd-Aighne arna ainmniú sin ag an Taoiseach.

3 I gcás gach coir agus cion dá dtugtar in aon chúirt a bhunaítear faoi Airteagal 34 den Bhunreacht seo, ach amháin cúirt dlínse

Article 30 *(continued)*

be prosecuted in the name of the People and at the suit of the Attorney General or some other person authorised in accordance with law to act for that purpose.

4 The Attorney General shall not be a member of the Government.

5 1° The Attorney General may at any time resign from office by placing his resignation in the hands of the Taoiseach for submission to the President.

2° The Taoiseach may, for reasons which to him seem sufficient, request the resignation of the Attorney General.

3° In the event of failure to comply with the request, the appointment of the Attorney General shall be terminated by the President if the Taoiseach so advises.

4° The Attorney General shall retire from office upon the resignation of the Taoiseach, but may continue to carry on his duties until the successor to the Taoiseach shall have been appointed.

6 Subject to the foregoing provisions of this Article, the office of Attorney General, including the remuneration to be paid to the holder of the office, shall be regulated by law.

AIRTEAGAL 30 *(ar leanúint)*

achomaire, is in ainm an Phobail agus ar agra an Ard-Aighne, nó ar agra dhuine éigin eile a údaraítear ina chomhair sin de réir dlí, a dhéanfar an cúiseamh.

4 Ní cead an tArd-Aighne a bheith ina chomhalta den Rialtas.

5 1° Tig leis an Ard-Aighne éirí as oifig uair ar bith trína chur sin in iúl don Taoiseach chun an scéal a chur faoi bhráid an Uachtaráin.

2° Tig leis an Taoiseach, ar ábhair is leor leis féin, a iarraidh ar an Ard-Aighne éirí as oifig.

3° Mura ndéana an tArd-Aighne de réir na hachainí sin ní foláir don Uachtarán é a chur as oifig má chomhairlíonn an Taoiseach dó é.

4° Ní foláir don Ard-Aighne dul as oifig ar éirí as oifig don Taoiseach, ach tig leis leanúint dá dhualgais nó go gceaptar comharba an Taoisigh.

6 Faoi chuimsiú na bhforálacha sin romhainn den Airteagal seo is de réir dlí a rialófar oifig an Ard-Aighne, maille leis an tuarastal is iníoctha leis an té a bheas i seilbh na hoifige sin.

THE COUNCIL OF STATE

ARTICLE 31

1 There shall be a Council of State to aid and counsel the President on all matters on which the President may consult the said Council in relation to the exercise and performance by him of such of his powers and functions as are by this Constitution expressed to be exercisable and performable after consultation with the Council of State, and to exercise such other functions as are conferred on the said Council by this Constitution.

2 The Council of State shall consist of the following members:

i As ex-officio members: the Taoiseach, the Tánaiste, the Chief Justice, the President of the Court of Appeal, the President of the High Court, the Chairman of Dáil Éireann, the Chairman of Seanad Éireann, and the Attorney General.

ii Every person able and willing to act as a member of the Council of State who shall have held the office of President, or the office of Taoiseach, or the office of Chief Justice, or the office of President of the Executive Council of Saorstát Éireann.

An Chomhairle Stáit

Airteagal 31

1 Beidh Comhairle Stáit ann chun cabhair is comhairle a thabhairt don Uachtarán i dtaobh gach ní dá gcuirfidh an tUachtarán ina gcomhairle, maidir le hé d'oibriú is do chomhlíonadh na gcumhachtaí is na bhfeidhmeanna a luaitear sa Bhunreacht seo a bheith inoibrithe is inchomhlíonta aige tar éis comhairle a ghlacadh leis an gComhairle Stáit, agus fós chun aon fheidhmeanna eile a bhronntar ar an gComhairle sin leis an mBunreacht seo a chomhlíonadh.

2 Is iad na daoine seo a leanas a bheas ina gcomhaltaí den Chomhairle Stáit:

i De bhua oifige: an Taoiseach, an Tánaiste, an Príomh-Bhreitheamh, Uachtarán na Cúirte Achomhairc, Uachtarán na hArd-Chúirte, Cathaoirleach Dháil Éireann, Cathaoirleach Sheanad Éireann, agus an tArd-Aighne.

ii Gach duine ar cumas dó agus ar fonn leis gníomhú ina chomhalta den Chomhairle Stáit, agus a bhí tráth ina Uachtarán nó ina Thaoiseach nó ina Phríomh-Bhreitheamh, nó ina Uachtarán ar Ard-Chomhairle Shaorstát Éireann.

ARTICLE 31 *(continued)*

iii Such other persons, if any, as may be appointed by the President under this Article to be members of the Council of State.

3 The President may at any time and from time to time by warrant under his hand and Seal appoint such other persons as, in his absolute discretion, he may think fit, to be members of the Council of State, but not more than seven persons so appointed shall be members of the Council of State at the same time.

4 Every member of the Council of State shall at the first meeting thereof which he attends as a member take and subscribe a declaration in the following form:

"In the presence of Almighty God I do solemnly and sincerely promise and declare that I will faithfully and conscientiously fulfil my duties as a member of the Council of State."

5 Every member of the Council of State appointed by the President, unless he previously dies, resigns, becomes permanently incapacitated, or is removed from office, shall hold office until the successor of the President by whom he was appointed shall have entered upon his office.

Airteagal 31 *(ar leanúint)*

iii Aon daoine eile a cheapfar ag an Uachtarán faoin Airteagal seo, má cheaptar aon duine, chun bheith ina gcomhaltaí den Chomhairle Stáit.

3 Tig leis an Uachtarán uair ar bith agus ó am go ham cibé daoine eile is oiriúnach leis, as a chomhairle féin, a cheapadh le barántas faoina láimh is faoina Shéala chun bheith ina gcomhaltaí den Chomhairle Stáit, ach ní dleathach thar mórsheisear a cheaptar ar an gcuma sin a bheith ina gcomhaltaí den Chomhairle Stáit san am chéanna.

4 Ní foláir do gach comhalta den Chomhairle Stáit, an chéad uair a bheidh sé ar thionól den Chomhairle sin ina chomhalta di, an dearbhú seo a leanas a dhéanamh agus a lámh a chur leis:

"I láthair Dia na nUilechumhacht, táimse, , á ghealladh agus á dhearbhú go sollúnta agus go fírinneach mo dhualgais i mo chomhalta den Chomhairle Stáit a chomhlíonadh go dílis coinsiasach."

5 Gach comhalta den Chomhairle Stáit a cheapfar ag an Uachtarán beidh sé i seilbh oifige nó go dté comharba an Uachtaráin a cheap é i gcúram a oifige, is é sin mura dtarlaí roimhe sin go n-éagfaidh an comhalta sin, nó go n-éireoidh as oifig, nó go ngeobhaidh míthreoir bhuan é, nó go gcuirfear as oifig é.

Article 31 *(continued)*

6 Any member of the Council of State appointed by the President may resign from office by placing his resignation in the hands of the President.

7 The President may, for reasons which to him seem sufficient, by an order under his hand and Seal, terminate the appointment of any member of the Council of State appointed by him.

8 Meetings of the Council of State may be convened by the President at such times and places as he shall determine.

Article 32

The President shall not exercise or perform any of the powers or functions which are by this Constitution expressed to be exercisable or performable by him after consultation with the Council of State unless, and on every occasion before so doing, he shall have convened a meeting of the Council of State and the members present at such meeting shall have been heard by him.

Airteagal 31 *(ar leanúint)*

6 Aon chomhalta den Chomhairle Stáit dá gceapfaidh an tUachtarán tig leis éirí as oifig trína chur sin in iúl don Uachtarán.

7 Tig leis an Uachtarán, ar ábhair is leor leis féin, duine ar bith dár cheap sé don Chomhairle Stáit a chur as oifig le hordú faoina láimh agus faoina Shéala.

8 Tig leis an Uachtarán an Chomhairle Stáit a chomóradh cibé áit agus am a shocróidh sé chuige.

Airteagal 32

Cumhachtaí nó feidhmeanna ar bith a luaitear ina dtaobh sa Bhunreacht seo gur dleathach don Uachtarán iad a oibriú nó a chomhlíonadh tar éis comhairle a ghlacadh leis an gComhairle Stáit, ní cead don Uachtarán aon chumhacht ná feidhm díobh a oibriú ná a chomhlíonadh mura gcomóra sé an Chomhairle Stáit i ngach cás roimh ré, agus éisteacht leis na comhaltaí den Chomhairle sin a bheas i láthair.

THE COMPTROLLER AND AUDITOR GENERAL

ARTICLE 33

1 There shall be a Comptroller and Auditor General to control on behalf of the State all disbursements and to audit all accounts of moneys administered by or under the authority of the Oireachtas.

2 The Comptroller and Auditor General shall be appointed by the President on the nomination of Dáil Éireann.

3 The Comptroller and Auditor General shall not be a member of either House of the Oireachtas and shall not hold any other office or position of emolument.

4 The Comptroller and Auditor General shall report to Dáil Éireann at stated periods as determined by law.

5 1° The Comptroller and Auditor General shall not be removed from office except for stated misbehaviour or incapacity, and then only upon resolutions passed by Dáil Éireann and by Seanad Éireann calling for his removal.

2° The Taoiseach shall duly notify the President of any such resolutions as aforesaid passed by

An tArd-Reachtaire Cuntas agus Ciste

Airteagal 33

1 Beidh Ard-Reachtaire Cuntas agus Ciste ann chun gach caitheamh airgid a rialú thar ceann an Stáit, agus chun iniúchadh a dhéanamh ar gach uile chuntas ar airgead a riartar ag an Oireachtas nó faoi údarás an Oireachtais.

2 Is ag an Uachtarán a cheapfar an tArd-Reachtaire Cuntas agus Ciste, arna ainmniú sin ag Dáil Éireann.

3 Ní cead an tArd-Reachtaire Cuntas agus Ciste a bheith ina chomhalta de cheachtar de Thithe an Oireachtais, ná a bheith in aon oifig ná post sochair eile.

4 Ní foláir don Ard-Reachtaire Cuntas agus Ciste tuarascálacha a chur os comhair Dháil Éireann ar thrátha áirithe mar a chinnfear le dlí.

5 1° Ní cead an tArd-Reachtaire Cuntas agus Ciste a chur as oifig ach amháin de dheasca mí-iompair nó míthreora a luafar, ná an uair sin féin mura rithid Dáil Éireann agus Seanad Éireann rúin á éileamh é a chur as oifig.

2° Rúin ar bith den sórt sin a rithfid Dáil Éireann agus Seanad Éireann ní foláir don Taoiseach scéala

Article 33 *(continued)*

Dáil Éireann and by Seanad Éireann and shall send him a copy of each such resolution certified by the Chairman of the House of the Oireachtas by which it shall have been passed.

3° Upon receipt of such notification and of copies of such resolutions, the President shall forthwith, by an order under his hand and Seal, remove the Comptroller and Auditor General from office.

6 Subject to the foregoing, the terms and conditions of the office of Comptroller and Auditor General shall be determined by law.

The Courts

Article 34

1 Justice shall be administered in courts established by law by judges appointed in the manner provided by this Constitution, and, save in such special and limited cases as may be prescribed by law, shall be administered in public.

2 The Courts shall comprise:
 i Courts of First Instance;
 ii a Court of Appeal; and
 iii a Court of Final Appeal.

Airteagal 33 *(ar leanúint)*

a thabhairt don Uachtarán ina dtaobh go cuí, agus cóip de gach rún den tsamhail sin a sheoladh chuige faoi theastas Chathaoirleach an Tí den Oireachtas a rith é.

3° Láithreach d'éis na scéala sin agus cóipeanna de na rúin sin a fháil don Uachtarán ní foláir dó, le hordú faoina láimh is faoina Shéala, an tArd-Reachtaire Cuntas agus Ciste a chur as oifig.

6 Faoi chuimsiú na nithe sin romhainn, is le dlí a chinnfear coinníollacha agus cúinsí oifig an Ard-Reachtaire Cuntas agus Ciste.

Na Cúirteanna

Airteagal 34

1 Is i gcúirteanna a bhunaítear le dlí agus ag breithiúna a cheaptar ar an modh atá leagtha amach sa Bhunreacht seo a riarfar ceart, agus is go poiblí a dhéanfar sin ach amháin sna cásanna speisialta teoranta sin a ordófar le dlí.

2 Beidh ar na Cúirteanna sin:
- i Cúirteanna Céadchéime;
- ii Cúirt Achomhairc; agus
- iii Cúirt Achomhairc Dheiridh.

ARTICLE 34 *(continued)*

3 1° The Courts of First Instance shall include a High Court invested with full original jurisdiction in and power to determine all matters and questions whether of law or fact, civil or criminal.

2° Save as otherwise provided by this Article, the jurisdiction of the High Court shall extend to the question of the validity of any law having regard to the provisions of this Constitution, and no such question shall be raised (whether by pleading, argument or otherwise) in any Court established under this or any other Article of this Constitution other than the High Court, the Court of Appeal or the Supreme Court.

3° No Court whatever shall have jurisdiction to question the validity of a law, or any provision of a law, the Bill for which shall have been referred to the Supreme Court by the President under Article 26 of this Constitution, or to question the validity of a provision of a law where the corresponding provision in the Bill for such law shall have been referred to the Supreme Court by the President under the said Article 26.

4° The Courts of First Instance shall also include Courts of local and limited jurisdiction with a right of appeal as determined by law.

Airteagal 34 *(ar leanúint)*

3 1° Beidh ar na Cúirteanna Céadchéime sin Ard-Chúirt ag a mbeidh lándlínse bhunaidh, agus cumhacht chun breith a thabhairt, i ngach ní agus ceist dlí nó fíorais cibé sibhialta nó coiriúil iad.

2° Taobh amuigh de chás dá socraítear a mhalairt leis an Airteagal seo, beidh dlínse ag an Ard-Chúirt maidir leis an gceist sin bail a bheith nó gan a bheith ar aon dlí áirithe ag féachaint d'fhorálacha an Bhunreachta seo, agus ní cead aon cheist den sórt sin a tharraingt anuas (trí phléadáil ná argóint ná eile) i gCúirt ar bith, arna bunú faoin Airteagal seo nó faoi aon Airteagal eile den Bhunreacht seo, seachas an Ard-Chúirt, an Chúirt Achomhairc nó an Chúirt Uachtarach.

3° Ní bheidh dlínse ag Cúirt ar bith chun bailíocht dhlí nó fhorála ar bith de dhlí a chur in amhras is dlí a ndearna an tUachtarán an Bille lena aghaidh a chur faoi bhreith na Cúirte Uachtaraí faoi Airteagal 26 den Bhunreacht seo, ná chun bailíocht fhorála de dhlí a chur in amhras má rinne an tUachtarán an fhoráil chomhréire sa Bhille le haghaidh an dlí sin a chur faoi bhreith na Cúirte Uachtaraí faoin Airteagal sin 26.

4° Beidh ar na Cúirteanna Céadchéime, fairis sin, Cúirteanna ag a mbeidh dlínse theoranta áitiúil maille le ceart achomhairc ina n-aghaidh faoi mar a chinnfear le dlí.

Article 34 *(continued)*

4 1° The Court of Appeal shall—

i save as otherwise provided by this Article, and

ii with such exceptions and subject to such regulations as may be prescribed by law,

have appellate jurisdiction from all decisions of the High Court, and shall also have appellate jurisdiction from such decisions of other courts as may be prescribed by law.

2° No law shall be enacted excepting from the appellate jurisdiction of the Court of Appeal cases which involve questions as to the validity of any law having regard to the provisions of this Constitution.

3° The decision of the Court of Appeal shall be final and conclusive, save as otherwise provided by this Article.

5 1° The Court of Final Appeal shall be called the Supreme Court.

2° The president of the Supreme Court shall be called the Chief Justice.

3° The Supreme Court shall, subject to such regulations as may be prescribed by law, have appellate jurisdiction from a decision of the Court of Appeal if the Supreme Court is satisfied that—

AIRTEAGAL 34 *(ar leanúint)*

4 1° Maidir leis an gCúirt Achomhairc—

i taobh amuigh de chás dá socraítear a mhalairt leis an Airteagal seo, agus

ii taobh amuigh de cibé eisceachtaí agus faoi chuimsiú cibé rialacha a ordófar le dlí,

beidh dlínse achomhairc aici ar bhreitheanna uile na hArd-Chúirte agus, fairis sin, ar na breitheanna sin ó chúirteanna eile a ordófar le dlí.

2° Ní cead aon dlí a achtú a chuirfeadh ar an taobh amuigh de dhlínse achomhairc na Cúirte Achomhairc cásanna ina mbeadh ceisteanna le réiteach i dtaobh bail a bheith nó gan a bheith ar aon dlí, ag féachaint d'fhorálacha an Bhunreachta seo.

3° Ní bheidh dul thar breith na Cúirte Achomhairc, taobh amuigh de chás dá socraítear a mhalairt leis an Airteagal seo.

5 1° An Chúirt Uachtarach is teideal don Chúirt Achomhairc Dheiridh.

2° An Príomh-Bhreitheamh is teideal d'uachtarán na Cúirte Uachtaraí.

3° Faoi chuimsiú cibé rialacha a ordófar le dlí, beidh dlínse achomhairc ag an gCúirt Uachtarach ar bhreith ón gCúirt Achomhairc más deimhin leis an gCúirt Uachtarach—

ARTICLE 34 *(continued)*

i the decision involves a matter of general public importance, or

ii in the interests of justice it is necessary that there be an appeal to the Supreme Court.

4° Notwithstanding section 4.1° hereof, the Supreme Court shall, subject to such regulations as may be prescribed by law, have appellate jurisdiction from a decision of the High Court if the Supreme Court is satisfied that there are exceptional circumstances warranting a direct appeal to it, and a precondition for the Supreme Court being so satisfied is the presence of either or both of the following factors:

i the decision involves a matter of general public importance;

ii the interests of justice.

5° No law shall be enacted excepting from the appellate jurisdiction of the Supreme Court cases which involve questions as to the validity of any law having regard to the provisions of this Constitution.

6° The decision of the Supreme Court shall in all cases be final and conclusive.

Airteagal 34 *(ar leanúint)*

i gur breith í lena ngabhann ní a bhfuil tábhacht phoiblí i gcoitinne ann, nó

ii gur gá, ar mhaithe leis an gceartas, achomharc chun na Cúirte Uachtaraí a bheith ann.

4° D'ainneoin alt 4.1° den Airteagal seo, beidh ag an gCúirt Uachtarach, faoi chuimsiú cibé rialacha a ordófar le dlí, dlínse achomhairc ar bhreith ón Ard-Chúirt más deimhin leis an gCúirt Uachtarach go bhfuil imthosca neamhchoiteanna ann a fhágann gur gá achomharc díreach chuici a bheith ann agus, chun gur deimhin leis an gCúirt Uachtarach amhlaidh, is réamhchoinníoll é gurb ann do cheachtar de na tosca seo a leanas nó dóibh araon:

i gur breith í lena ngabhann ní a bhfuil tábhacht phoiblí i gcoitinne ann;

ii gur ar mhaithe leis an gceartas é.

5° Ní cead aon dlí a achtú a chuirfeadh ar an taobh amuigh de dhlínse achomhairc na Cúirte Uachtaraí cásanna ina mbeadh ceisteanna le réiteach i dtaobh bail a bheith nó gan a bheith ar aon dlí, ag féachaint d'fhorálacha Bhunreachta seo.

6° Ní bheidh dul thar breith na Cúirte Uachtaraí i gcás ar bith.

Article 34 *(continued)*

6 1° Every person appointed a judge under this Constitution shall make and subscribe the following declaration:

"In the presence of Almighty God I do solemnly and sincerely promise and declare that I will duly and faithfully and to the best of my knowledge and power execute the office of Chief Justice (or as the case may be) without fear or favour, affection or ill-will towards any man, and that I will uphold the Constitution and the laws. May God direct and sustain me."

2° This declaration shall be made and subscribed by the Chief Justice in the presence of the President, and by each of the other judges of the Supreme Court, the judges of the Court of Appeal, the judges of the High Court and the judges of every other Court in the presence of the Chief Justice or the senior available judge of the Supreme Court in open court.

3° The declaration shall be made and subscribed by every judge before entering upon his duties as such judge, and in any case not later than ten days after the date of his appointment or such later date as may be determined by the President.

4° Any judge who declines or neglects to make such declaration as aforesaid shall be deemed to have vacated his office.

AIRTEAGAL 34 *(ar leanúint)*

6 1° Gach duine a cheapfar chun bheith ina bhreitheamh faoin mBunreacht seo ní foláir dó an dearbhú seo a leanas a dhéanamh agus a lámh a chur leis:

"I láthair Dia na nUilechumhacht táimse, , á ghealladh agus á dhearbhú go sollúnta agus go fírinneach go gcomhlíonfad go cuí agus go dílis, chomh maith agus is eol agus is cumas dom, oifig an Phríomh-Bhreithimh (nó de réir mar a oireas) gan eagla gan claonadh, gan bá gan drochaigne chun duine ar bith, agus go gcumhdód Bunreacht agus dlíthe Éireann. Dia do mo stiúradh agus do mo chumhdach."

2° Is i láthair an Uachtaráin a dhéanfaidh an Príomh-Bhreitheamh an dearbhú sin agus a chuirfidh a lámh leis, agus is sa chúirt go poiblí agus i láthair an Príomh-Bhreithimh nó an bhreithimh den Chúirt Uachtarach is sinsearaí dá mbeidh ar fáil a dhéanfaidh gach breitheamh eile den Chúirt Uachtarach, gach breitheamh den Chúirt Achomhairc, agus gach breitheamh den Ard-Chúirt agus de gach Cúirt eile an dearbhú sin agus a chuirfidh lámh leis.

3° Ní foláir do gach breitheamh an dearbhú a dhéanamh agus a lámh chur leis sula dté i gcúram dualgas a oifige, agus cibé scéal é, ar dháta nach déanaí ná deich lá tar éis lae a cheaptha, nó dáta is déanaí ná sin mar a chinnfidh an tUachtarán.

4° Aon Bhreitheamh a dhiúltós nó fhailleos an dearbhú réamhráite a dhéanamh ní foláir a mheas go bhfuil scartha aige lena oifig.

ARTICLE 35

1 The judges of the Supreme Court, the Court of Appeal, the High Court and all other Courts established in pursuance of Article 34 hereof shall be appointed by the President.

2 All judges shall be independent in the exercise of their judicial functions and subject only to this Constitution and the law.

3 No judge shall be eligible to be a member of either House of the Oireachtas or to hold any other office or position of emolument.

4 1° A judge of the Supreme Court, the Court of Appeal, or the High Court shall not be removed from office except for stated misbehaviour or incapacity, and then only upon resolutions passed by Dáil Éireann and by Seanad Éireann calling for his removal.

2° The Taoiseach shall duly notify the President of any such resolutions passed by Dáil Éireann and by Seanad Éireann, and shall send him a copy of every such resolution certified by the Chairman of the House of the Oireachtas by which it shall have been passed.

3° Upon receipt of such notification and of copies of such resolutions, the President shall forthwith, by an order under his hand and Seal, remove from office the judge to whom they relate.

Airteagal 35

1 Is ag an Uachtarán a cheapfar breithiúna na Cúirte Uachtaraí, na Cúirte Achomhairc, na hArd-Chúirte agus an uile Chúirte eile a bhunaítear de bhun Airteagal 34 den Bhunreacht seo.

2 Beidh gach breitheamh saor neamhspleách maidir lena fheidhmeanna breithimh a oibriú, gan de smacht air ach an Bunreacht seo agus an dlí.

3 Ní cead aon bhreitheamh a bheith ina chomhalta de cheachtar de Thithe an Oireachtais, ná bheith in aon oifig ná post sochair eile.

4 1° Ní cead breitheamh den Chúirt Uachtarach, den Chúirt Achomhairc ná den Ard-Chúirt a chur as oifig ach amháin de dheasca mí-iompair nó míthreorach a luafar, ná an uair sin féin mura rithid Dáil Éireann agus Seanad Éireann rúin á éileamh é a chur as oifig.

2° Rúin ar bith den sórt sin a rithfid Dáil Éireann agus Seanad Éireann ní foláir don Taoiseach scéala a thabhairt don Uachtarán ina dtaobh go cuí agus cóip de gach rún díobh a sheoladh chuige faoi theastas Chathaoirleach an Tí den Oireachtas a rith é.

3° Láithreach d'éis na scéala sin agus cóipeanna de na rúin sin a fháil don Uachtarán ní foláir dó, le hordú faoina láimh is faoina Shéala, an breitheamh lena mbainid a chur as oifig.

ARTICLE 35 *(continued)*

5 1° The remuneration of judges shall not be reduced during their continuance in office save in accordance with this section.

2° The remuneration of judges is subject to the imposition of taxes, levies or other charges that are imposed by law on persons generally or persons belonging to a particular class.

3° Where, before or after the enactment of this section, reductions have been or are made by law to the remuneration of persons belonging to classes of persons whose remuneration is paid out of public money and such law states that those reductions are in the public interest, provision may also be made by law to make proportionate reductions to the remuneration of judges.

ARTICLE 36

Subject to the foregoing provisions of this Constitution relating to the Courts, the following matters shall be regulated in accordance with law, that is to say:–

i the number of judges of the Supreme Court, of the Court of Appeal, and of the High Court, the remuneration, age of retirement and pensions of such judges,

Airteagal 35 *(ar leanúint)*

5 1° Ní cead laghdú a dhéanamh ar luach saothair breithiúna an fad is a bheidh siad in oifig ach amháin de réir an ailt seo.

2° Tá luach saothair breithiúna faoi réir gearradh cánacha, tobhach nó muirear eile a ghearrtar le dlí ar dhaoine i gcoitinne nó ar dhaoine a bhaineann le haicme áirithe.

3° Más rud é, roimh an alt seo a achtú nó dá éis sin, go ndearnadh nó go ndéantar laghduithe le dlí ar luach saothair daoine a bhaineann le haicmí daoine a n-íoctar a luach saothair as airgead poiblí agus go luaitear sa dlí sin gur ar mhaithe le leas an phobail na laghduithe sin, féadfar socrú a dhéanamh freisin le dlí chun laghduithe comhréireacha a dhéanamh ar luach saothair breithiúna.

Airteagal 36

Faoi chuimsiú na bhforálacha sin romhainn den Bhunreacht seo a bhaineas leis na Cúirteanna is de réir dlí a rialófar na nithe seo a leanas .i.–

i líon breithiúna na Cúirte Uachtaraí, na Cúirte Achomhairc, agus na hArd-Chúirte, tuarastal, aois scortha agus pinsin na mbreithiúna sin,

Article 36 *(continued)*

ii the number of the judges of all other Courts, and their terms of appointment, and

iii the constitution and organization of the said Courts, the distribution of jurisdiction and business among the said Courts and judges, and all matters of procedure.

Article 37

1 Nothing in this Constitution shall operate to invalidate the exercise of limited functions and powers of a judicial nature, in matters other than criminal matters, by any person or body of persons duly authorised by law to exercise such functions and powers, notwithstanding that such person or such body of persons is not a judge or a court appointed or established as such under this Constitution.

2 No adoption of a person taking effect or expressed to take effect at any time after the coming into operation of this Constitution under laws enacted by the Oireachtas and being an adoption pursuant to an order made or an authorisation given by any person or body of persons designated by those laws to exercise such functions and powers was or shall be invalid by

Airteagal 36 *(ar leanúint)*

ii líon breithiúna gach Cúirte eile, agus na coinníollacha faoina gceaptar iad, agus

iii comhdhéanamh agus comheagraíocht na gCúirteanna sin, roinnt na dlínse agus na hoibre ar na Cúirteanna sin agus ar na breithiúna sin, agus gach ní a bhaineas le nós imeachta.

Airteagal 37

1 Aon duine nó aon dream a n-údaraítear go cuí dóibh le dlí feidhmeanna agus cumhachtaí teoranta breithiúnais a oibriú i gcúrsaí nach cúrsaí coireachta, má oibríd na feidhmeanna agus na cumhachtaí sin ní bheidh an t-oibriú sin gan bhail dlí de bhíthin aon ní sa Bhunreacht seo, siúd is nach breitheamh ná cúirt a ceapadh nó a bunaíodh mar bhreitheamh nó mar chúirt faoin mBunreacht seo an duine nó an dream sin.

2 Ní raibh ná ní bheidh aon uchtáil ar dhuine a ghlac éifeacht nó a bhfuil sé sainráite gur ghlac sí éifeacht aon tráth tar éis don Bhunreacht seo a theacht i ngníomh faoi dhlíthe a d'achtaigh an tOireachtas agus is uchtáil de bhun ordú a rinne nó údarú a thug aon duine nó aon dream a bhí sonraithe leis na dlíthe sin chun na feidhmeanna agus na cumhachtaí sin a oibriú ó bhail dlí de

Article 37 *(continued)*

reason only of the fact that such person or body of persons was not a judge or a court appointed or established as such under this Constitution.

Trial of Offences

Article 38

1 No person shall be tried on any criminal charge save in due course of law.

2 Minor offences may be tried by courts of summary jurisdiction.

3 1° Special courts may be established by law for the trial of offences in cases where it may be determined in accordance with such law that the ordinary courts are inadequate to secure the effective administration of justice, and the preservation of public peace and order.

2° The constitution, powers, jurisdiction and procedure of such special courts shall be prescribed by law.

AIRTEAGAL 37 *(ar leanúint)*

bhíthin amháin nár bhreitheamh ná cúirt a ceapadh nó a bunaíodh mar bhreitheamh nó mar chúirt faoin mBunreacht seo an duine nó an dream sin.

TRIAIL I gCIONTA

AIRTEAGAL 38

1 Ní cead aon duine a thriail in aon chúis choiriúil ach mar is cuí de réir dlí.

2 Féadfar mionchionta a thriail ag cúirteanna dlínse achomaire.

3 1° Féadfar cúirteanna faoi leith a bhunú le dlí chun cionta a thriail i gcásanna a gcinnfear ina dtaobh, de réir an dlí sin, nach leor na gnáthchúirteanna chun riaradh cirt a chur i bhfeidhm le héifeacht agus chun síocháin agus ord poiblí a chaomhnú.

2° Is le dlí a shocrófar comhdhéanamh, cumhachtaí, dlínse agus nós imeachta na gcúirteanna faoi leith sin.

Article 38 *(continued)*

4 1° Military tribunals may be established for the trial of offences against military law alleged to have been committed by persons while subject to military law and also to deal with a state of war or armed rebellion.

2° A member of the Defence Forces not on active service shall not be tried by any courtmartial or other military tribunal for an offence cognisable by the civil courts unless such offence is within the jurisdiction of any courtmartial or other military tribunal under any law for the enforcement of military discipline.

5 Save in the case of the trial of offences under section 2, section 3 or section 4 of this Article no person shall be tried on any criminal charge without a jury.

6 The provisions of Articles 34 and 35 of this Constitution shall not apply to any court or tribunal set up under section 3 or section 4 of this Article.

Article 39

Treason shall consist only in levying war against the State, or assisting any State or person or inciting or conspiring with any person to levy war against the

Airteagal 38 *(ar leanúint)*

4 1° Féadfar binsí míleata a bhunú chun daoine a thriail i gcionta in aghaidh dlí mhíleata a deirtear a rinneadar le linn a mbeith faoi dhlí mhíleata, agus fós chun broic le heisíth nó le ceannairc faoi arm.

2° Duine de na Fórsaí Cosanta nach bhfuil ar fianas ní cead é a thriail i láthair aon armchúirte ná binse míleata eile i gcion is intriailte sna cúirteanna sibhialta, mura cion é atá faoi dhlínse aon armchúirte nó binse míleata eile faoi aon dlí chun smacht míleata a chur i bhfeidhm.

5 Ní cead duine a thriail in aon chúis choiriúil ach i láthair choiste tiomanta, ach amháin i gcás cionta a thriail faoi alt 2, alt 3 nó alt 4 den Airteagal seo.

6 Ní bhainfidh forálacha Airteagal 34 ná Airteagal 35 den Bhunreacht seo le haon chúirt ná le haon bhinse a bhunófar faoi alt 3 nó alt 4 den Airteagal seo.

Airteagal 39

Is é amháin is tréas ann cogadh a chur ar an Stát, nó cabhrú le stát nó le duine ar bith, nó saighdeadh faoi dhuine, nó bheith i gcomhcheilg le duine, chun

ARTICLE 39 *(continued)*

State, or attempting by force of arms or other violent means to overthrow the organs of government established by this Constitution, or taking part or being concerned in or inciting or conspiring with any person to make or to take part or be concerned in any such attempt.

FUNDAMENTAL RIGHTS

PERSONAL RIGHTS

ARTICLE 40

1 All citizens shall, as human persons, be held equal before the law.

This shall not be held to mean that the State shall not in its enactments have due regard to differences of capacity, physical and moral, and of social function.

2 1° Titles of nobility shall not be conferred by the State.

2° No title of nobility or of honour may be accepted by any citizen except with the prior approval of the Government.

AIRTEAGAL 39 *(ar leanúint)*

cogadh a chur ar an Stát, nó iarracht a dhéanamh le harm nó ar mhodh fhoréigneach eile ar na horgain rialtais a bhunaítear leis an mBunreacht seo a threascairt, nó páirt nó baint a bheith ag neach lena leithéid sin d'iarracht, nó aon duine a shaighdeadh nó bheith i gcomhcheilg leis chun a déanta nó chun páirt nó baint a bheith aige léi.

BUNCHEARTA

CEARTA PEARSANTA

AIRTEAGAL 40

1 Áirítear gurb ionann ina bpearsain daonna na saoránaigh uile i láthair an dlí.

Ach ní intuigthe as sin nach bhféachfaidh an Stát go cuí, ina chuid achtachán, don difríocht atá idir daoine ina mbuanna corpartha agus ina mbuanna morálta agus ina bhfeidhm chomhdhaonnach.

2 1° Ní cead don Stát gairm uaisleachta a bhronnadh ar aon duine.

2° Ní cead d'aon saoránach gairm uaisleachta ná gairm onóra a ghlacadh ach le haontú roimh ré ón Rialtas.

ARTICLE 40 *(continued)*

3 1° The State guarantees in its laws to respect, and, as far as practicable, by its laws to defend and vindicate the personal rights of the citizen.

2° The State shall, in particular, by its laws protect as best it may from unjust attack and, in the case of injustice done, vindicate the life, person, good name, and property rights of every citizen.

3° The State acknowledges the right to life of the unborn and, with due regard to the equal right to life of the mother, guarantees in its laws to respect, and, as far as practicable, by its laws to defend and vindicate that right.

This subsection shall not limit freedom to travel between the State and another state.

This subsection shall not limit freedom to obtain or make available, in the State, subject to such conditions as may be laid down by law, information relating to services lawfully available in another state.

4 1° No citizen shall be deprived of his personal liberty save in accordance with law.

Airteagal 40 *(ar leanúint)*

3 1° Ráthaíonn an Stát gan cur isteach lena dhlíthe ar chearta pearsanta aon saoránaigh, agus ráthaíonn fós na cearta sin a chosaint is a shuíomh lena dhlíthe sa mhéid gur féidir é.

2° Déanfaidh an Stát, go sonrach, lena dhlíthe, beatha agus pearsa agus dea-chlú agus maoinchearta an uile shaoránaigh a chosaint ar ionsaí éagórach chomh fada lena chumas, agus iad a shuíomh i gcás éagóra.

3° Admhaíonn an Stát ceart na mbeo gan breith chun a mbeatha agus, ag féachaint go cuí do chomhcheart na máthar chun a beatha, ráthaíonn sé gan cur isteach lena dhlíthe ar an gceart sin agus ráthaíonn fós an ceart sin a chosaint is a shuíomh lena dhlíthe sa mhéid gur féidir é.

Ní theorannóidh an fo-alt seo saoirse chun taisteal idir an Stát agus stát eile.

Ní theorannóidh an fo-alt seo saoirse chun faisnéis a fháil nó a chur ar fáil sa Stát maidir le seirbhísí atá ar fáil go dleathach i stát eile ach sin faoi chuimsiú cibé coinníollacha a fhéadfar a leagan síos le dlí.

4 1° Ní cead a shaoirse phearsanta a bhaint d'aon saoránach ach amháin de réir dlí.

ARTICLE 40 *(continued)*

2° Upon complaint being made by or on behalf of any person to the High Court or any judge thereof alleging that such person is being unlawfully detained, the High Court and any and every judge thereof to whom such complaint is made shall forthwith enquire into the said complaint and may order the person in whose custody such person is detained to produce the body of such person before the High Court on a named day and to certify in writing the grounds of his detention, and the High Court shall, upon the body of such person being produced before that Court and after giving the person in whose custody he is detained an opportunity of justifying the detention, order the release of such person from such detention unless satisfied that he is being detained in accordance with the law.

3° Where the body of a person alleged to be unlawfully detained is produced before the High Court in pursuance of an order in that behalf made under this section and that Court is satisfied that such person is being detained in accordance with a law but that such law is invalid having regard to the provisions of this Constitution, the High Court shall refer the question of the validity of such law to the Court of Appeal by way of case stated and may, at the time of such reference or at

AIRTEAGAL 40 *(ar leanúint)*

2° Nuair a dhéanann duine ar bith gearán, nó a dhéantar gearán thar ceann duine ar bith, leis an Ard-Chúirt nó le breitheamh ar bith di á rá go bhfuil an duine sin á choinneáil ina bhrá go haindleathach, ní foláir don Ard-Chúirt agus d'aon bhreitheamh agus do gach breitheamh di chun a ndéanfar an gearán sin fiosrú a dhéanamh láithreach i dtaobh an ghearáin sin agus féadfaidh a ordú do neach coinnithe an duine sin ina bhrá an duine sin a thabhairt ina phearsain i láthair na hArd-Chúirte lá a ainmnítear agus a dheimhniú i scríbhinn cad is forais dá bhraighdeanas, agus ní foláir don Ard-Chúirt, nuair a bheirtear an duine sin ina phearsain i láthair na Cúirte sin agus tar éis caoi a thabhairt do neach a choinnithe ina bhrá ar a chruthú gur braighdeanas cóir an braighdeanas, a ordú an duine sin a scaoileadh as an mbraighdeanas sin mura deimhin leis an gCúirt sin gur de réir an dlí atáthar á choinneáil.

3° I gcás duine a deirtear a bheith á choinneáil ina bhrá go haindleathach a thabhairt ina phearsain i láthair na hArd-Chúirte de bhun ordaithe chuige sin arna dhéanamh faoin alt seo agus gur deimhin leis an gCúirt sin an duine sin a bheith á choinneáil ina bhrá de réir dlí áirithe ach an dlí sin a bheith neamhbhailí ag féachaint d'fhorálacha an Bhunreachta seo, ní foláir don Ard-Chúirt an cheist sin bail a bheith nó gan a bheith ar an dlí sin a chur faoi bhreith na Cúirte Achomhairc i bhfoirm cháis

Article 40 *(continued)*

any time thereafter, allow the said person to be at liberty on such bail and subject to such conditions as the High Court shall fix until the Court of Appeal has determined the question so referred to it.

4° The High Court before which the body of a person alleged to be unlawfully detained is to be produced in pursuance of an order in that behalf made under this section shall, if the President of the High Court or, if he is not available, the senior judge of that Court who is available so directs in respect of any particular case, consist of three judges and shall, in every other case, consist of one judge only.

5° Nothing in this section, however, shall be invoked to prohibit, control, or interfere with any act of the Defence Forces during the existence of a state of war or armed rebellion.

6° Provision may be made by law for the refusal of bail by a court to a person charged with a serious offence where it is reasonably considered necessary to prevent the commission of a serious offence by that person.

Airteagal 40 *(ar leanúint)*

ríofa agus féadfaidh, le linn an cheist sin a chur faoi bhreith amhlaidh nó tráth ar bith ina dhiaidh sin, ligean don duine sin a shaoirse a bheith aige, faoi réir na mbannaí agus na gcoinníollacha sin a cheapfaidh an Ard-Chúirt go dtí go dtabharfaidh an Chúirt Achomhairc breith ar an gceist a chuirfear faoina breith amhlaidh.

4° Is triúr breitheamh is Ard-Chúirt in aon chás áirithe, ina ndéantar duine a deirtear a bheith á choinneáil ina bhrá go haindleathach a thabhairt ina phearsain i láthair na hArd-Chúirte de bhun ordaithe chuige sin arna dhéanamh faoin alt seo, má dhéanann Uachtarán na hArd-Chúirte nó, mura mbeidh seisean ar fáil, an breitheamh is sinsearaí den Chúirt sin dá mbeidh ar fáil a ordú, i dtaobh an cháis sin, an líon sin a bheith inti agus is breitheamh amháin is Ard-Chúirt i ngach cás eile den sórt sin.

5° Ach aon ghníomh de ghníomhartha na bhFórsaí Cosanta le linn eisíthe nó ceannairce faoi arm, ní cead aon ní dá bhfuil san alt seo a agairt chun an gníomh sin a thoirmeasc nó a rialú nó a bhac.

6° Féadfar socrú a dhéanamh le dlí chun go bhféadfaidh cúirt bannaí a dhiúltú do dhuine atá cúisithe i gcion tromaí sa chás go measfar le réasún é a bheith riachtanach chun an duine sin a chosc ar chion tromaí a dhéanamh.

ARTICLE 40 *(continued)*

5 The dwelling of every citizen is inviolable and shall not be forcibly entered save in accordance with law.

6 1° The State guarantees liberty for the exercise of the following rights, subject to public order and morality: –

i The right of the citizens to express freely their convictions and opinions.

The education of public opinion being, however, a matter of such grave import to the common good, the State shall endeavour to ensure that organs of public opinion, such as the radio, the press, the cinema, while preserving their rightful liberty of expression, including criticism of Government policy, shall not be used to undermine public order or morality or the authority of the State.

The publication or utterance of blasphemous, seditious, or indecent matter is an offence which shall be punishable in accordance with law.

ii The right of the citizens to assemble peaceably and without arms.

AIRTEAGAL 40 *(ar leanúint)*

5 Is slán do gach saoránach a ionad cónaithe, agus ní cead dul isteach ann go foréigneach ach de réir dlí.

6 1° Ráthaíonn an Stát saoirse chun na cearta seo a leanas a oibriú ach sin a bheith faoi réir oird is moráltachta poiblí: –

i Ceart na saoránach chun a ndeimhní is a dtuairimí a nochtadh gan bac.

Ach toisc oiliúint aigne an phobail a bheith chomh tábhachtach sin do leas an phobail, féachfaidh an Stát lena chur in áirithe nach ndéanfar orgain aigne an phobail, mar shampla, an raidió is an preas is an cineama, a úsáid chun an t-ord nó an mhoráltacht phoiblí nó údarás an Stáit a bhonn-bhriseadh. San am chéanna coimeádfaidh na horgain sin an tsaoirse is dleacht dóibh chun tuairimí a nochtadh agus orthu sin tuairimí léirmheasa ar bheartas an Rialtais.

Aon ní diamhaslach nó ceannairceach nó graosta a fhoilsiú nó a aithris is cion inphionóis é de réir dlí.

ii Ceart na saoránach chun teacht ar tionól go sítheoilte gan arm.

Article 40 *(continued)*

Provision may be made by law to prevent or control meetings which are determined in accordance with law to be calculated to cause a breach of the peace or to be a danger or nuisance to the general public and to prevent or control meetings in the vicinity of either House of the Oireachtas.

iii The right of the citizens to form associations and unions.

Laws, however, may be enacted for the regulation and control in the public interest of the exercise of the foregoing right.

2° Laws regulating the manner in which the right of forming associations and unions and the right of free assembly may be exercised shall contain no political, religious or class discrimination.

THE FAMILY

Article 41

1 1° The State recognises the Family as the natural primary and fundamental unit group of Society, and as a moral institution possessing inalienable and imprescriptible rights, antecedent and superior to all positive law.

Airteagal 40 *(ar leanúint)*

Féadfar socrú a dhéanamh de réir dlí chun cosc a chur nó rialú a dhéanamh ar thionóil a gcinnfear de réir dlí gur baol briseadh síochána a theacht díobh nó gur contúirt nó cránas don phobal i gcoitinne iad, agus fós ar thionóil i gcóngar do cheachtar de Thithe an Oireachais.

iii Ceart na saoránach chun comhlachais agus cumainn a bhunú.

Ach is cead dlíthe a achtú chun oibriú an chirt réamhráite a rialú agus a stiúradh ar mhaithe leis an bpobal.

2° Ní cead aon idirdhealú maidir le polaitíocht nó creideamh nó aicmí, a bheith i ndlíthe a rialaíos modh oibrithe an chirt chun comhlachais agus cumainn a bhunú agus an chirt chun teacht le chéile ar saorthionól.

AN TEAGHLACH

Airteagal 41

1 1° Admhaíonn an Stát gurb é an Teaghlach is buíon-aonad príomha bunaidh don chomhdhaonnacht de réir nádúir, agus gur foras morálta é ag a bhfuil cearta doshannta dochloíte is ársa agus is airde ná aon reacht daonna.

ARTICLE 41 *(continued)*

2° The State, therefore, guarantees to protect the Family in its constitution and authority, as the necessary basis of social order and as indispensable to the welfare of the Nation and the State.

2 1° In particular, the State recognises that by her life within the home, woman gives to the State a support without which the common good cannot be achieved.

2° The State shall, therefore, endeavour to ensure that mothers shall not be obliged by economic necessity to engage in labour to the neglect of their duties in the home.

3 1° The State pledges itself to guard with special care the institution of Marriage, on which the Family is founded, and to protect it against attack.

2° A Court designated by law may grant a dissolution of marriage where, but only where, it is satisfied that –

i at the date of the institution of the proceedings, the spouses have lived apart from one another for a period of, or periods amounting to, at least four years during the previous five years,

AIRTEAGAL 41 *(ar leanúint)*

2° Ós é an Teaghlach is fotha riachtanach don ord chomhdhaonnach agus ós éigeantach é do leas an Náisiúin agus an Stáit, ráthaíonn an Stát comhshuíomh agus údarás an Teaghlaigh a chaomhnú.

2 1° Go sonrach, admhaíonn an Stát go dtugann an bhean don Stát, trína saol sa teaghlach, cúnamh nach bhféadfaí leas an phobail a ghnóthú dá éagmais.

2° Uime sin, féachfaidh an Stát lena chur in áirithe nach mbeidh ar mháithreacha clainne, de dheasca uireasa, dul le saothar agus faillí a thabhairt dá chionn sin ina ndualgais sa teaghlach.

3 1° Ós ar an bPósadh atá an Teaghlach bunaithe gabhann an Stát air féin coimirce faoi leith a dhéanamh ar ord an phósta agus é a chosaint ar ionsaí.

2° Féadfaidh Cúirt a bheidh ainmnithe le dlí scaoileadh ar phósadh a thabhairt sa chás, ach sa chás amháin, gur deimhin léi –

i go raibh, ar dháta thionscnamh na n-imeachtaí, tréimhse ceithre bliana ar a laghad, nó tréimhsí ceithre bliana ar a laghad san iomlán, caite ag na céilí ina gcónaí ar leithligh óna chéile le linn na gcúig bliana roimhe sin,

Article 41 *(continued)*

ii there is no reasonable prospect of a reconciliation between the spouses,

iii such provision as the Court considers proper having regard to the circumstances exists or will be made for the spouses, any children of either or both of them and any other person prescribed by law, and

iv any further conditions prescribed by law are complied with.

3° No person whose marriage has been dissolved under the civil law of any other State but is a subsisting valid marriage under the law for the time being in force within the jurisdiction of the Government and Parliament established by this Constitution shall be capable of contracting a valid marriage within that jurisdiction during the lifetime of the other party to the marriage so dissolved.

4 Marriage may be contracted in accordance with law by two persons without distinction as to their sex.

EDUCATION

Article 42

1 The State acknowledges that the primary and natural educator of the child is the Family and

AIRTEAGAL 41 *(ar leanúint)*

ii nach bhfuil ionchas réasúnach ar bith ann go mbeidh comhréiteach idir na céilí,

iii go bhfuil cibé socrú ann, nó go ndéanfar cibé socrú, is dóigh leis an gCúirt a bheith cuí ag féachaint do na himthosca, le haghaidh na gcéilí, le haghaidh aon leanaí le ceachtar acu nó leis an mbeirt acu agus le haghaidh aon duine eile a bheidh forordaithe le dlí, agus

iv go gcomhlíontar aon choinníollacha breise a bheidh forordaithe le dlí.

3° I gcás pósadh duine ar bith a scaoilcadh faoi dhlí shibhialta aon Stáit eile agus an pósadh sin, agus bail dlí air, a bheith ann fós faoin dlí a bheas i bhfeidhm in alt na huaire taobh istigh de dhlínse an Rialtais agus na Parlaiminte a bhunaítear leis an mBunreacht seo, ní fhéadfaidh an duine sin pósadh ar a mbeadh bail dlí a dhéanamh taobh istigh den dlínse sin an fad is beo don duine eile a bhí sa chuing phósta a scaoileadh amhlaidh.

4 Féadfaidh beirt, gan beann ar a ngnéas, conradh pósta a dhéanamh de réir dlí.

OIDEACHAS

AIRTEAGAL 42

1 Admhaíonn an Stát gurb é an Teaghlach is múinteoir príomha dúchasach don leanbh, agus

ARTICLE 42 *(continued)*

guarantees to respect the inalienable right and duty of parents to provide, according to their means, for the religious and moral, intellectual, physical and social education of their children.

2 Parents shall be free to provide this education in their homes or in private schools or in schools recognised or established by the State.

3 1° The State shall not oblige parents in violation of their conscience and lawful preference to send their children to schools established by the State, or to any particular type of school designated by the State.

2° The State shall, however, as guardian of the common good, require in view of actual conditions that the children receive a certain minimum education, moral, intellectual and social.

4 The State shall provide for free primary education and shall endeavour to supplement and give reasonable aid to private and corporate educational initiative, and, when the public good requires it, provide other educational facilities or institutions with due regard, however, for the rights of parents, especially in the matter of religious and moral formation.

AIRTEAGAL 42 *(ar leanúint)*

ráthaíonn gan cur isteach ar cheart doshannta ná ar dhualgas doshannta tuistí chun oideachas de réir a n-acmhainne a chur ar fáil dá gclainn i gcúrsaí creidimh, moráltachta, intleachta, coirp agus comhdhaonnachta

2 Tig le tuistí an t-oideachas sin a chur ar fáil dá gclainn ag baile nó i scoileanna príobháideacha nó i scoileanna a admhaítear nó a bhunaítear ag an Stát.

3 1° Ní cead don Stát a chur d'fhiacha ar thuistí, in aghaidh a gcoinsiasa nó a rogha dleathaí, a gclann a chur ar scoileanna a bhunaítear ag an Stát nó ar aon chineál áirithe scoile a ainmnítear ag an Stát.

2° Ach ós é an Stát caomhnóir leasa an phobail ní foláir dó, toisc cor an lae, é a dhéanamh éigeantach minimum áirithe oideachais a thabhairt do na leanaí i gcúrsaí moráltachta, intleachta agus comhdhaonnachta.

4 Ní foláir don Stát socrú a dhéanamh chun bunoideachas a bheith ar fáil in aisce, agus iarracht a dhéanamh chun cabhrú go réasúnta agus chun cur le tionscnamh oideachais idir phríobháideach agus chumannta agus, nuair is riachtanas chun leasa an phobail é, áiseanna nó fundúireachtaí eile oideachais a chur ar fáil, ag féachaint go cuí, áfach, do chearta tuistí, go mór mór maidir le múnlú na haigne i gcúrsaí creidimh is moráltachta.

CHILDREN

ARTICLE 42A

1 The State recognises and affirms the natural and imprescriptible rights of all children and shall, as far as practicable, by its laws protect and vindicate those rights.

2 1° In exceptional cases, where the parents, regardless of their marital status, fail in their duty towards their chidren to such extent that the safety or welfare of any of their children is likely to be prejudicially affected, the State as guardian of the common good shall, by proportionate means as provided by law, endeavour to supply the place of the parents, but always with due regard for the natural and imprescriptible rights of the child.

2° Provision shall be made by law for the adoption of any child where the parents have failed for such a period of time as may be prescribed by law in their duty towards the child and where the best interests of the child so require.

3 Provision shall be made by law for the voluntary placement for adoption and the adoption of any child.

4 1° Provision shall be made by law that in the resolution of all proceedings–

LEANAÍ

AIRTEAGAL 42A

1 Admhaíonn agus deimhníonn an Stát cearta nádúrtha dochloíte na leanaí uile agus ní foláir dó na cearta sin a chosaint is a shuíomh lena dhlíthe sa mhéid gur féidir é.

2 1° I gcásanna neamhchoiteanna nuair a tharlaíonn nach ndéanann na tuistí, gan beann ar a stádas pósta, a ndualgais dá gclann sa mhéid gur dócha go ndéanfar dochar do shábháilteacht nó do leas aon linbh dá gclann, ní foláir don Stát, ós é an Stát caomhnóir leasa an phobail, iarracht a dhéanamh, le beart comhréireach mar a shocraítear le dlí, chun ionad na dtuistí a ghlacadh, ag féachaint go cuí i gcónaí, áfach, do chearta nádúrtha dochloíte an linbh.

2° Déanfar socrú le dlí chun aon leanbh a uchtáil i gcás nach ndearna na tuistí a ndualgais don leanbh ar feadh cibé tréimhse ama a ordófar le dlí agus nuair is riachtanas ar mhaithe le barr leasa an linbh é.

3 Déanfar socrú le dlí chun aon leanbh a shuíomh go saorálach le haghaidh uchtála agus a uchtáil.

4 1° Déanfar socrú le dlí go measfar, le linn na n-imeachtaí uile–

Article 42A *(continued)*

i brought by the State, as guardian of the common good, for the purpose of preventing the safety and welfare of any child from being prejudically affected, or

ii concerning the adoption, guardianship or custody of, or access to, any child,

the best interests of the child shall be the paramount consideration.

2° Provision shall be made by law for securing, as far as practicable, that in all proceedings referred to in subsection 1° of this section in respect of any child who is capable of forming his or her own views, the views of the child shall be ascertained and given due weight having regard to the age and maturity of the child.

PRIVATE PROPERTY

Article 43

1 1° The State acknowledges that man, in virtue of his rational being, has the natural right, antecedent to positive law, to the private ownership of external goods.

2° The State accordingly guarantees to pass no law attempting to abolish the right of private ownership or the general right to transfer, bequeath, and inherit property.

AIRTEAGAL 42A *(ar leanúint)*

i a thabharfaidh an Stát, ós é an Stát caomhnóir leasa an phobail, chun nach ndéanfar dochar do shábháilteacht ná do leas aon linbh, nó

ii a bhaineann le huchtáil, caomhnóireacht nó coimeád aon linbh, nó rochtain ar aon leanbh,

a réiteach, gur ní ró-thábhachtach é barr leasa an linbh.

2° Déanfar socrú le dlí chun a chur in áirithe, sa mhéid gur féidir é, go ndéanfar sna himeachtaí uile dá dtagraítear i bhfo-alt 1° den alt seo i leith aon linbh ar féidir leis nó léi teacht ar a bharúlacha féin nó ar a barúlacha féin, barúlacha an linbh a fháil agus tromachar cuí a thabhairt dóibh ag féachaint d'aois agus d'aibíocht an linbh.

MAOIN PHRÍOBHÁIDEACH

AIRTEAGAL 43

1 1° Admhaíonn an Stát, toisc bua an réasúin a bheith ag an duine, go bhfuil sé de cheart nádúrtha aige maoin shaolta a bheith aige dá chuid féin go príobháideach, ceart is ársa ná reacht daonna.

2° Uime sin, ráthaíonn an Stát gan aon dlí a achtú d'iarraidh an ceart sin, ná gnáthcheart an duine chun maoin a shannadh agus a thiomnú agus a ghlacadh ina hoidhreacht, a chur ar ceal.

ARTICLE 43 *(continued)*

2 1° The State recognises, however, that the exercise of the rights mentioned in the foregoing provisions of this Article ought, in civil society, to be regulated by the principles of social justice.

2° The State, accordingly, may as occasion requires delimit by law the exercise of the said rights with a view to reconciling their exercise with the exigencies of the common good.

RELIGION

ARTICLE 44

1 The State acknowledges that the homage of public worship is due to Almighty God. It shall hold His Name in reverence, and shall respect and honour religion.

2 1° Freedom of conscience and the free profession and practice of religion are, subject to public order and morality, guaranteed to every citizen.

2° The State guarantees not to endow any religion.

3° The State shall not impose any disabilities or make any discrimination on the ground of religious profession, belief or status.

Airteagal 43 *(ar leanúint)*

2 1° Ach admhaíonn an Stát gur cuí, sa chomhdhaonnacht shibhialta, oibriú na gceart atá luaite sna forálacha sin romhainn den Airteagal seo a rialú de réir bunrialacha an chirt chomhdhaonnaigh.

2° Uime sin, tig leis an Stát, de réir mar a bheas riachtanach, teorainn a chur le hoibriú na gceart réamhráite d'fhonn an t-oibriú sin agus leas an phobail a thabhairt dá chéile.

CREIDEAMH

Airteagal 44

1 Admhaíonn an Stát go bhfuil ag dul do Dhia na nUilechumhacht é a adhradh le hómós go poiblí. Beidh urraim ag an Stát dá ainm, agus bhéarfaidh oirmhidin agus onóir do Chreideamh.

2 1° Ráthaítear do gach saoránach saoirse choinsiasa is saorchead admhála is cleachta creidimh, ach gan san a dhul chun dochair don ord phoiblí ná don mhoráltacht phoiblí.

2° Ráthaíonn an Stát gan aon chóras creidimh a mhaoiniú.

3° Ní cead don Stát neach a chur faoi mhíchumas ar bith ná aon idirdhealú a dhéanamh mar gheall ar chreideamh nó admháil chreidimh nó céim i gcúrsaí creidimh.

Article 44 *(continued)*

4° Legislation providing State aid for schools shall not discriminate between schools under the management of different religious denominations, nor be such as to affect prejudicially the right of any child to attend a school receiving public money without attending religious instruction at that school.

5° Every religious denomination shall have the right to manage its own affairs, own, acquire and administer property, movable and immovable, and maintain institutions for religious or charitable purposes.

6° The property of any religious denomination or any educational institution shall not be diverted save for necessary works of public utility and on payment of compensation.

Directive Principles of Social Policy

Article 45

The principles of social policy set forth in this Article are intended for the general guidance of the Oireachtas. The application of those principles in the making of laws shall be the care of the Oireachtas exclusively, and shall not be cognisable by any Court under any of the provisions of this Constitution.

AIRTEAGAL 44 *(ar leanúint)*

4° Reachtaíocht lena gcuirtear cúnamh Stáit ar fáil do scoileanna ní cead idirdhealú a dhéanamh inti idir scoileanna atá faoi bhainistí aicmí creidimh seachas a chéile ná í do dhéanamh dochair do cheart aon linbh chun scoil a gheibheann airgead poiblí a fhreastal gan teagasc creidimh sa scoil sin a fhreastal.

5° Tá sé de cheart ag gach aicme chreidimh a ngnóthaí féin a bhainistí, agus maoin, idir shoaistrithe agus do-aistrithe, a bheith dá gcuid féin acu, agus í a fháil agus a riaradh, agus fundúireachtaí chun críocha creidimh is carthanachta a chothabháil.

6° Ní cead maoin aon aicme creidimh ná aon fhundúireachtaí oideachais a bhaint díobh ach amháin le haghaidh oibreacha riachtanacha chun áise poiblí, agus sin tar éis cúiteamh a íoc leo.

BUNTREORACHA DO BHEARTAS CHOMHDHAONNACH

AIRTEAGAL 45

Is mar ghnáth-threoir don Oireachtas a ceapadh na bunrialacha do bheartas chomhdhaonnach atá leagtha amach san Airteagal seo. Is ar an Oireachtas amháin a bheidh sé de chúram na bunrialacha sin a fheidhmiú i ndéanamh dlíthe, agus ní intriailte ag Cúirt ar bith ceist i dtaobh an fheidhmithe sin faoi aon fhoráil d'fhorálacha an Bhunreachta seo.

Article 45 *(continued)*

1 The State shall strive to promote the welfare of the whole people by securing and protecting as effectively as it may a social order in which justice and charity shall inform all the institutions of the national life.

2 The State shall, in particular, direct its policy towards securing:–

i That the citizens (all of whom, men and women equally, have the right to an adequate means of livelihood) may through their occupations find the means of making reasonable provision for their domestic needs.

ii That the ownership and control of the material resources of the community may be so distributed amongst private individuals and the various classes as best to subserve the common good.

iii That, especially, the operation of free competition shall not be allowed so to develop as to result in the concentration of the ownership or control of essential commodities in a few individuals to the common detriment.

Airteagal 45 *(ar leanúint)*

1 Déanfaidh an Stát a dhícheall chun leas an phobail uile a chur chun cinn trí ord chomhdhaonnach, ina mbeidh ceart agus carthanacht ag rialú gach forais a bhaineas leis an saol náisiúnta, a chur in áirithe agus a chaomhnú chomh fada lena chumas.

2 Déanfaidh an Stát, go sonrach, a bheartas a stiúradh i slí go gcuirfear in áirithe:–

i Go bhfaighidh na saoránaigh (agus tá ceart acu uile, idir fhear is bean, chun leorshlí bheatha), trína ngairmeacha beatha, caoi chun soláthar réasúnta a dhéanamh do riachtanais a dteaghlach.

ii Go roinnfear dílse agus urlámhas gustail shaolta an phobail ar phearsana príobháideacha agus ar na haicmí éagsúla sa chuma is fearr a rachas chun leasa an phobail.

iii Go sonrach, nach ligfear d'oibriú na saoriomaíochta dul chun cinn i slí go dtiocfadh de an dílse nó an t-urlámhas ar earraí riachtanacha a bheith ina lámha féin ag beagán daoine chun dochair don phobal.

Article 45 *(continued)*

iv That in what pertains to the control of credit the constant and predominant aim shall be the welfare of the people as a whole.

v That there may be established on the land in economic security as many families as in the circumstances shall be practicable.

3 1° The State shall favour and, where necessary, supplement private initiative in industry and commerce.

2° The State shall endeavour to secure that private enterprise shall be so conducted as to ensure reasonable efficiency in the production and distribution of goods and as to protect the public against unjust exploitation.

4 1° The State pledges itself to safeguard with especial care the economic interests of the weaker sections of the community, and, where necessary, to contribute to the support of the infirm, the widow, the orphan, and the aged.

2° The State shall endeavour to ensure that the strength and health of workers, men and women, and the tender age of children shall not be abused and that citizens shall not be forced by economic necessity to enter avocations unsuited to their sex, age or strength.

AIRTEAGAL 45 *(ar leanúint)*

iv Gurb é leas an phobail uile is buanchuspóir agus is príomhchuspóir a rialós ina mbaineann le hurlámhas creidmheasa.

v Go mbunófar ar an talamh faoi shlándáil gheilleagrach an oiread teaghlach agus is féidir de réir chor an tsaoil.

3 1° Féachfaidh an Stát le fonn ar thionscnamh phríobháideach i gcúrsaí tionscail is tráchtála agus cuirfidh leis nuair is gá sin.

2° Déanfaidh an Stát iarracht chun a chur in áirithe go stiúrfar fiontraíocht phríobháideach i slí gur deimhin go ndéanfar earraí a tháirgeadh agus a imdháil le hinniúlacht réasúnta agus go gcosnófar an pobal ar bhrabús éagórach.

4 1° Gabhann an Stát air féin cosaint sonrach a dhéanamh ar leas gheilleagrach na n-aicmí is lú cumhacht den phobal agus, nuair a bheas riachtanas leis, cabhair maireachtála a thabhairt don easlán, don bhaintreach, don dílleacht agus don sean.

2° Déanfaidh an Stát iarracht chun a chur in áirithe nach ndéanfar neart agus sláinte lucht oibre, idir fheara is mná, ná maoth-óige leanaí a éagóradh, agus nach mbeidh ar shaoránaigh, de dheasca uireasa, dul le gairmeacha nach n-oireann dá ngné nó dá n-aois nó dá neart.

AMENDMENT OF THE CONSTITUTION

ARTICLE 46

1 Any provision of this Constitution may be amended, whether by way of variation, addition, or repeal, in the manner provided by this Article.

2 Every proposal for an amendment of this Constitution shall be initiated in Dáil Éireann as a Bill, and shall upon having been passed or deemed to have been passed by both Houses of the Oireachtas, be submitted by Referendum to the decision of the people in accordance with the law for the time being in force relating to the Referendum.

3 Every such Bill shall be expressed to be "An Act to amend the Constitution".

4 A Bill containing a proposal or proposals for the amendment of this Constitution shall not contain any other proposal.

5 A Bill containing a proposal for the amendment of this Constitution shall be signed by the President forthwith upon his being satisfied that the provisions of this Article have been complied with in respect thereof and that such proposal has been duly approved by the people in accordance with the provisions of section 1 of Article 47 of this Constitution and shall be duly promulgated by the President as a law.

An Bunreacht a Leasú

Airteagal 46

1 Is cead foráil ar bith den Bhunreacht seo a leasú, le hathrú nó le breisiú nó le haisghairm, ar an modh a shocraítear leis an Airteagal seo.

2 Gach togra chun an Bunreacht seo a leasú ní foláir é a thionscnamh i nDáil Éireann ina Bhille, agus nuair a ritear nó a mheastar a ritheadh é ag dhá Theach an Oireachtais ní foláir é a chur faoi bhreith an phobail le Reifreann de réir an dlí a bheas i bhfeidhm i dtaobh an Reifrinn in alt na huaire.

3 Ní foláir a lua i ngach Bille den sórt sin é a bheith ina "Acht chun an Bunreacht a leasú".

4 Aon Bhille ina mbeidh togra nó tograí chun an Bunreacht seo a leasú ní cead togra ar bith eile a bheith ann.

5 Aon Bhille ina mbeidh togra chun an Bunreacht seo a leasú ní foláir don Uachtarán a lámh a chur leis láithreach, ar mbeith sásta dó gur comhlíonadh forálacha an Airteagail seo ina thaobh agus gur thoiligh an pobal go cuí leis an togra sin de réir forálacha alt 1 d'Airteagal 47 den Bhunreacht seo, agus ní foláir don Uachtarán é a fhógairt go cuí ina dhlí.

THE REFERENDUM

ARTICLE 47

1 Every proposal for an amendment of this Constitution which is submitted by Referendum to the decision of the people shall, for the purpose of Article 46 of this Constitution, be held to have been approved by the people, if, upon having been so submitted, a majority of the votes cast at such Referendum shall have been cast in favour of its enactment into law.

2 1° Every proposal, other than a proposal to amend the Constitution, which is submitted by Referendum to the decision of the people shall be held to have been vetoed by the people if a majority of the votes cast at such Referendum shall have been cast against its enactment into law and if the votes so cast against its enactment into law shall have amounted to not less than thirty-three and one-third per cent. of the voters on the register.

2° Every proposal, other than a proposal to amend the Constitution, which is submitted by Referendum to the decision of the people shall for the purposes of Article 27 hereof be held to have been approved by the people unless vetoed by them in accordance with the provisions of the foregoing sub-section of this section.

An Reifreann

Airteagal 47

1 Gach togra a dhéantar chun an Bunreacht seo a leasú agus a chuirtear faoi bhreith an phobail le Reifreann, ní foláir a mheas, chun críche Airteagal 46 den Bhunreacht seo, go dtoilíonn an pobal leis an togra sin má tharlaíonn, tar éis é a chur mar sin faoi bhreith an phobail, gur ar thaobh é a achtú ina dhlí a thugtar tromlach na vótaí a thugtar sa Reifreann sin.

2 1° Gach togra, nach togra chun leasaithe an Bhunreachta, a chuirtear faoi bhreith an phobail le Reifreann ní foláir a mheas go ndiúltaíonn an pobal dó más in aghaidh é a achtú ina dhlí a thugtar tromlach na vótaí a thugtar sa Reifreann sin, agus nach lú an méid vótaí a thugtar amhlaidh in aghaidh é a achtú ina dhlí ná cion trí tríochad is trian faoin gcéad de líon na dtoghthóirí atá ar an rolla.

2° Gach togra, nach togra chun leasaithe an Bhunreachta, a chuirtear faoi bhreith an phobail le Reifreann ní foláir a mheas, chun críocha Airteagal 27 den Bhunreacht seo, go dtoilíonn an pobal leis mura ndiúltaíd dó de réir forálacha an fho-ailt sin romhainn den alt seo.

Article 47 *(continued)*

3 Every citizen who has the right to vote at an election for members of Dáil Éireann shall have the right to vote at a Referendum.

4 Subject as aforesaid, the Referendum shall be regulated by law.

Repeal of Constitution of Saorstát Éireann and Continuance of Laws

Article 48

The Constitution of Saorstát Éireann in force immediately prior to the date of the coming into operation of this Constitution and the Constitution of the Irish Free State (Saorstát Éireann) Act, 1922, in so far as that Act or any provision thereof is then in force shall be and are hereby repealed as on and from that date.

Article 49

1 All powers, functions, rights and prerogatives whatsoever exercisable in or in respect of Saorstát Éireann immediately before the 11th day of December, 1936, whether in virtue of the Constitution then in force or otherwise, by the

Airteagal 47 *(ar leanúint)*

3 Gach saoránach ag a bhfuil sé de cheart vótáil i dtoghchán do chomhaltaí de Dháil Éireann tá sé de cheart aige vótáil i Reifreann.

4 Faoi chuimsiú na nithe réamhráite is le dlí a rialófar an Reifreann.

Bunreacht Shaorstát Éireann a Aisghairm agus Dlíthe a Bhuanú

Airteagal 48

An Bunreacht a bheas i bhfeidhm do Shaorstát Éireann díreach roimh lá an Bunreacht seo a theacht i ngníomh agus an tAcht um Bunreacht Shaorstáit Éireann, 1922, sa mhéid go mbeidh an tAcht sin nó aon fhoráil de i bhfeidhm an uair sin, aisghairtear leis seo iad agus beid aisghairthe an lá sin agus as sin amach.

Airteagal 49

1 Gach uile chumhacht, feidhm, ceart agus sainchumas a bhí inoibrithe i Saorstát Éireann nó i dtaobh Shaorstát Éireann díreach roimh an 11ú lá de Mhí Nollag, 1936, cibé acu de bhua an Bhunreachta a bhí i bhfeidhm an uair sin é nó

Article 49 *(continued)*

authority in which the executive power of Saorstát Éireann was then vested are hereby declared to belong to the people.

2 It is hereby enacted that, save to the extent to which provision is made by this Constitution or may hereafter be made by law for the exercise of any such power, function, right or prerogative by any of the organs established by this Constitution, the said powers, functions, rights and prerogatives shall not be exercised or be capable of being exercised in or in respect of the State save only by or on the authority of the Government.

3 The Government shall be the successors of the Government of Saorstát Éireann as regards all property, assets, rights and liabilities.

Article 50

1 Subject to this Constitution and to the extent to which they are not inconsistent therewith, the laws in force in Saorstát Éireann immediately prior to the date of the coming into operation of this Constitution shall continue to be of full force and effect until the same or any of them shall have been repealed or amended by enactment of the Oireachtas.

Airteagal 49 *(ar leanúint)*

nach ea, ag an údarás ag a raibh cumhacht chomhallach Shaorstát Éireann an uair sin, dearbhaítear leis seo gur leis an bpobal iad uile.

2 Ach amháin sa mhéid go ndéantar socrú leis an mBunreacht seo, nó go ndéanfar socrú ina dhiaidh seo le dlí, chun go n-oibreofar, le haon organ dá mbunaítear leis an mBunreacht seo, aon chumhacht, feidhm, ceart nó sainchumas díobh sin, achtaítear leis seo nach dleathach agus nach féidir na cumhachtaí, na feidhmeanna, na cearta, agus na sainchumais sin a oibriú sa Stát nó i dtaobh an Stáit ach amháin ag an Rialtas nó le húdarás an Rialtais.

3 Is é an Rialtas is comharba ar Rialtas Shaorstát Éireann i gcás gach maoine, sócmhainne, cirt agus féichiúnais.

Airteagal 50

1 Na dlíthe a bheas i bhfeidhm i Saorstát Éireann díreach roimh lá an Bunreacht seo a theacht i ngníomh leanfaid de bheith i lánfheidhm agus i lánéifeacht, faoi chuimsiú an Bhunreachta seo agus sa mhéid nach bhfuilid ina choinne, go dtí go n-aisghairtear nó go leasaítear iad nó aon chuid díobh le hachtú ón Oireachtas.

ARTICLE 50 *(continued)*

2 Laws enacted before, but expressed to come into force after, the coming into operation of this Constitution, shall, unless otherwise enacted by the Oireachtas, come into force in accordance with the terms thereof.

Dochum Glóire Dé

agus

Onóra na hÉireann

Airteagal 50 *(ar leanúint)*

2 Dlíthe a bheas achtaithe roimh an mBunreacht seo a theacht i ngníomh agus a mbeidh luaite iontu iad do theacht i bhfeidhm dá éis sin, tiocfaid i bhfeidhm de réir mar a luaitear iontu mura n-achtaí an tOireachtas a mhalairt.

Dochum Glóire Dé

agus

Onóra na hÉireann

TREOIR

Nóta Ní úsáidtear uimhreacha leathanach sa treoir seo: baineann na huimhreacha le hAirteagail an Bhunreachta. Tá ceannlitreacha sa treoir ar fhocail ar a bhfuil ceannlitreacha i dtéacs an Bhunreachta.

achainí
  i gcoinne Bille a shíniú 27
adhradh
  adhradh Dé go poiblí 44.1
aer: *feic* maoin nádúrtha
airgead poiblí
  Ard-Reachtaire Cuntas agus Ciste: *feic* Ard-Reachtaire Cuntas agus Ciste
  Billí Airgid: *feic* Billí Airgid
  conarthaí idirnáisiúnta 29.5.2°
  leithghabháil ag Dáil Éireann 17.2
  scoileanna, cúnamh Stáit 44.2.4°
airgeadas
  Roinn Airgeadais, Aire ina chomhalta de Dháil Éireann 28.7.1°
  reachtaíocht chun feidhm dlí a thabhairt do Rúin Airgeadais 17.1.2°
  Seanad Éireann, rolla toghcháin 18.7.1°
Aontas Eorpach
  comhchosaint 29.4.9°
  Conradh Liospáin 29.4.5°, 29.4.6°
  dlíthe mar chomhalta 29.4.7°
Ard-Aighne
  Billí a chuirfear faoi bhreith na Cúirte Uachtaraí 26.2.1°
  ceapadh agus seilbh oifige 30
  coireanna agus cionta, cúiseamh 30.3
  Comhairle Stáit: *feic* Comhairle Stáit
  éirí as oifig nó cur as oifig 30.5
  feidhmeanna 30.1
  Rialtas, gan bheith ina chomhalta 30.4
  tuarastal 30.6

Ard-Chúirt
achomhairc i gcoinne a breitheanna 34.4.1°, 34.5.4°
breithiúna: *feic* breithiúna
Cúirt Chéadchéime 34.3.1°
dlí, bailíocht 34.3, 40.4.3°
dlínse 34.3
Habeas Corpus, imeachtaí 40.4
rúndacht na Comh-Aireachta 28.4.3°
Uachtarán na hArd-Chúirte 14.2.2°, 31.2, 40.4.4°
Feic freisin cúirteanna; Cúirt Uachtarach
Ard-Reachtaire Cuntas agus Ciste
airgead poiblí, caitheamh agus iniúchadh 33.1
ceapadh 33.2
cur as oifig 33.5
Dáil Éireann, tuarascálacha 33.4
armchúirteanna: *feic* binsí míleata
Baile Átha Cliath
Tithe an Oireachtais, suíonna 15.1.3°
Uachtarán, stát-áras 12.11.1°
baincéireacht
Seanad Éireann, rolla toghcháin 18.7.1°
baintreach, cabhair Stáit, 45.4.1°
ballóid
Dáil Éireann, toghcháin 16.1.4°
Seanad Éireann, toghcháin 18.5
Uachtarán, toghcháin 12.2.3°, 12.4.5°
bannaí 40.4.3°, 40.4.6°
Béal Feirste, Comhaontú: *feic* Comhaontú na Breataine-na hÉireann
beartas comhdhaonnach
aicmí is lú cumhacht, leas geilleagrach 45.4.1°
buntreoracha 45
creidmheas, urlámhas air 45.2
earraí riachtanacha 45.2
fiontraíocht phríobháideach 45.3.2°
gustal saolta an phobail 45.2
lucht oibre, sláinte 45.4.2°
Oireachtas, bunrialacha, feidhmiú 45
ord comhdhaonnach 45.1

saoránaigh, slí bheatha 45.2
teaghlaigh, bunú ar an talamh 45.2
tionscnamh príobháideach 45.3.1°
beartas náisiúnta
ceisteanna a shocrú 6.1
Uachtarán, eolas a thabhairt dó 28.5.2°
beatha: *feic* ceart chun na beatha
beo gan breith: *feic* ceart chun na beatha
Billí
achainí á iarraidh gan Bille a shíniú 27
Bunreacht: *feic* Bunreacht
Comhairle Stáit: *feic* Comhairle Stáit
Cúirt Uachtarach: *feic* Cúirt Uachtarach
cur faoi bhreith an phobail 27
Dáil Éireann: *feic* Dáil Éireann
dlíthe: achtú 13.3.1°, 25.4.1°; fógairt 25.4.2°
Oireachtas: *feic* Tithe an Oireachtais
práinneacha 24
Seanad Éireann: *feic* Seanad Éireann
síniú: *feic* Uachtarán na hÉireann
téacs, tiontú oifigiúil 25.4.4°
tréimhse áirithe chun a mbreithnithe 23
Feic freisin Billí Airgid
Billí Airgid
Coiste Pribhléidí 22.2
Cúirt Uachtarach, gan bheith inchurtha faoina breith 26
Dáil Éireann: Billí Airgid práinneacha 24.2, 24.3; deimhniú ón gCathaoirleach 22.2.1°, 22.2.6°; curtha go Seanad Éireann d'iarraidh a moltaí 21.1.2°, 21.2; rith 21.1.2°; tionscnamh 21.1.1°
míniú 22.1
Seanad Éireann: Billí Airgid práinneacha 24.2; cur faoi bhráid Choiste Pribhléidí 22.2; moltaí 21.1.2°, 21.2
binsí míleata 38.4, 38.6
bratach: *feic* suaitheantas náisiúnta
breithiúna
ceapadh 35.1, 36
ceart, riaradh 34.1
cur as oifig 35.4

dearbhú 34.6
feidhmeanna breithiúnais ag daoine nach breithiúna 37
Habeas Corpus 40.4
líon 36
neamhspleáchas 35.2
Oireachtas, gan bheith ina gcomhaltaí 35.3
poist sochair 35.3
scor 36
tuarastal 35.5, 36
Uachtarán na hÉireann, dearbhú 12.8
bunoideachas 42.4
Bunreacht
Billí ina aghaidh, ceisteanna a chur faoi bhreith na Cúirte Uachtaraí 26
breithiúna, cumhdach 34.6.1°
cóip a chur isteach ina hiris: ullmhú, fíorú agus cur isteach ina hiris 25.5; forlámhas ag an téacs Gaeilge 25.5.4°
Comhaontú na Breataine-na hÉireann 29.7
cumhachtaí riala, oibriú 6.2, 49.2
dearbhú ag an Uachtarán bheith ina thaca agus ina dhídin 12.8
dlíthe: a achtaíodh roimh é a theacht i ngníomh 50.2; bailíocht, dlínse na gCúirteanna 34.3, 34.4, 34.5, 40.4.3°; in aimsir chogaidh nó ceannairce faoi arm 28.3.3°; ina aghaidh, gan bhail 15.4
feidhmeanna breithiúnais ag daoine údaraithe 37
leasú, Billí 24.1, 26, 46, 47.1
muintir na hÉireann á ghabháil chucu *brollach*
Reifreann 46, 47.1
Saorstát Éireann: *feic* Saorstát Éireann
téacs 25.5
Uachtarán, taca agus dídean 12.8
Feic freisin Ard-Chúirt; Cúirteanna; Cúirt Uachtarach
Bunreacht Shaorstát Éireann: *feic* Saorstát Éireann
Caidreamh Idirnáisiúnta
achrann idir náisiúin, réiteach síochánta 29.2
beartas idirnáisiúnta, eolas don Uachtarán 28.5.2°
conarthaí idirnáisiúnta 29.5, 29.6
cumhacht chomhallach an Stáit maidir lena chaidreamh eachtrach 29.4

dlí idirnáisiúnta, bunrialacha 29.3, 29.8
eadráin idirnáisiúnta 29.2
náisiún, ceart chun é a chinneadh 1
síocháin idir náisiúin 29.1
cánachas
Bille Airgid, míniú 22.1
Cathaoirleach Dháil Éireann (An Ceann Comhairle): *feic* Dáil Éireann
Cathaoirleach Sheanad Éireann: *feic* Seanad Éireann
Ceann Comhairle: *feic* Dáil Éireann
ceannairc
foilsiú nó aithris 40.6.1°
ceannairc faoi arm
binsí míleata 38.4
dlíthe in aimsir cheannairce faoi arm 28.3.3°
Fórsaí Cosanta, gníomhartha 40.4.5°
tréas 39
Feic freisin cogadh
ceannasach
ceart 1
Stát 5
ceart
Breithiúna á riaradh 34.1
bunrialacha an chirt chomhdhaonnaigh 43.2.1°
chun comhlachais a bhunú 40.6
chun deimhní agus tuairimí a nochtadh 40.3.3°, 40.6.1°
chun teacht ar tionól 40.6
cúirteanna faoi leith 38.3
feidhmeanna breithiúnais ag daoine nach breithiúna 37.1, 37.2
ord comhdhaonnach, ceart agus carthanacht á rialú 45.1
riaradh poiblí 34.1
rúndacht na Comh-Aireachta 28.4.3°
cineama
ord agus moráltacht phoiblí 40.6.1°
cionta: *feic* coireanna agus cionta
ciste
cíos uile an Stáit 11

cogadh
binsí míleata 38.4
Dáil Éireann, aontú 28.3
dlíthe in aimsir chogaidh 28.3.3°
Fórsaí Cosanta, gníomhartha 40.4.5°
práinn náisiúnta 28.3.3°
tréas 39
Coimisiún le linn an tUachtarán a bheith as láthair nó ar míthreoir
comhaltaí 14.2
córam 14.3
feidhmeanna 14.1
coinsias
saoirse choinsiasa: *feic* saoránaigh; saoirse choinsiasa
coireanna agus cionta
Ard-Aighne, cúiseamh ar a agra 30.3
binsí míleata 38.4
coiste tiomanta, cúiseanna coiriúla, triail ina láthair 38.5
cúirteanna faoi leith 38.3
maithiúnas 13.6
mionchionta, triail 38.2
pionós, cumhacht chun é a mhaolú nó a loghadh 13.6
tréas, míniú 39
triail de réir dlí 38.1
Coiste Pribhléidí
breith: cur in iúl 22.2.4°, 22.2.6°; gan dul thairsti 22.2.5°
cé acu Bille Airgid Bille nó nach ea 22.2
ceapadh 22.2.3°
coiste tiomanta
cúiseanna coiriúla, triail ina láthair 38.5
Comhairle Stáit
Billí: achainí á iarraidh gan Bille a shíniú 27.4.1°; Airgid, Coiste Pribhléidí 22.2.3°, 22.2.6°; cur faoi bhreith na Cúirte Uachtaraí 26.1.1°, 26.1.2°; práinneacha 24.1
bunú 31
comhaltaí: ceapadh 31.2, 31.3; cur as oifig 31.7; dearbhú 31.4; éirí as oifig 31.6; tréimhse oifige 31.5
comóradh 31.8, 32

feidhmeanna 31.1
Uachtarán: oibriú a chumhachtaí 13.9, 14.4, 31.1, 32; teachtaireacht nó aitheasc 13.7.1°, 13.7.2°; Tithe an Oireachtais, comóradh 13.2.3°
Comhairlí Contae
iarrthóirí d'oifig an Uachtaráin, ainmniú 12.4.2°, 12.4.3°
comhairlí feidhmeannais nó gairme beatha
bunú 15.3
Seanad Éireann, toghadh go lomdíreach 19
Comhaontú Lucsamburg 29.4.8°
Comhaontú na Breataine-na hÉireann 29.7
comhaontuithe: *feic* conarthaí
comhchosaint: *feic* Aontas Eorpach
comhlachais agus cumainn: *feic* saoránaigh; ceart
Comhphobal Eorpach: comhaltas d'Éirinn 29.4.3°
cónaí
ionad cónaithe, slán do gach saoránach 40.5
conarthaí
conarthaí idirnáisiúnta 29.5, 29.6
Reacht na Róimhe 29.9
Conradh ar Chobhsaíocht, ar Chomhordú agus ar Rialachas san Aontas Eacnamaíoch agus Airgeadaíochta 29.10
Conradh Liospáin 29.4.5°, 29.4.6°
Conradh na Róimhe 29.4.3°
creideamh
aicmí creidimh, cearta agus maoin 44.2.5°, 44.2.6°
cleachtadh, saorchead admhála agus cleachta 44.2.1°
comhlachais agus cumainn, bunú agus saorthionól 40.6.2°
maoiniú 44.2.2°
míchumas nó idirdhealú mar gheall ar chreideamh 44.2.3°, 44.2.4°
oideachas leanaí 42.1, 42.4
scoileanna, cúnamh Stáit 44.2.4°
creidmheas
urlámhas 45.2
Cúirt Achomhairc: *feic* Cúirteanna
Cúirt Achomhairc Dheiridh: *feic* Cúirt Uachtarach; cúirteanna
Cúirt Choiriúil Idirnáisiúnta
Reacht na Róimhe 29.9

Cúirt Uachtarach
achainí, breith ar Bhille 27.4.2°
Billí: achainí 27.4.2°; cur isteach ina n-iris 25.4.5°; Uachtarán á gcur faoi bhreith 26, 34.3.3°
Breithiúna: *feic* Breithiúna; Príomh-Bhreitheamh
Bunreacht, téacs sínithe, cur isteach ina iris, 25.5.2°, 25.5.3°, 25.5.4°
Coiste Pribhléidí, Cathaoirleach 22.2.3°
Cúirt Achomhairc Dheiridh 34.5.1°
dlínse achomhairc 34.5.3°, 34.5.4°, 34.5.5°
dlíthe, bailíocht: breith ina taobh 34.5
dlínse maidir léi 34.3.2°, 34.5.5°
dlíthe a cuireadh faoina breith 34.3.3°
Príomh-Bhreitheamh, uachtarán na Cúirte Uachtaraí 34.5.2°
Uachtarán na hÉireann, míthreoir a shuíomh 12.3.1°
Feic freisin Ard-Chúirt; cúirteanna
cúirteanna
bannaí a dhiúltú 40.4.6°
beartas comhdhaonnach, ceisteanna 45
binsí míleata agus armchúirteanna 38.4, 38.6
ceart, riaradh 34.1
coireanna agus cionta, cúiseamh 30.3
comhdhéanamh agus comheagraíocht 36
Cúirt Achomhairc 34.2
Cúirt Achomhairc Dheiridh 34.2, 34.5.1°
Cúirt Choiriúil Idirnáisiúnta 29.9
Cúirteanna Céadchéime: 34.2; dlínse 34.3, 38.2
cúirteanna faoi leith, cumhacht chun iad a bhunú 38.3, 38.6
dlí, bailíocht: *feic* Bunreacht
dlínse achomhairc 34.3, 34.4, 34.5
maithiúnas 13.6
pionós, cumhacht chun maolaithe nó loghtha 13.6
Uachtarán, freagracht 13.8
Feic freisin Ard-Chúirt; breithiúna; Cúirt Uachtarach
cumainn: *feic* saoránaigh
cumhacht chomhallach: *feic* Rialtas
cuntasaíocht
Seanad Éireann, rolla toghcháin 18.7.1°

Dáil Éireann
airgead poiblí agus státchíos, leithghabháil 17.2
Ard-Reachtaire Cuntas agus Ciste: *feic* Ard-Reachtaire Cuntas agus Ciste
Billí: achainí á iarraidh gan iad a shíniú 27; Airgid: *feic* Billí Airgid; a thionscnaítear agus a ritear ag Dáil Éireann 20.1; a thionscnaítear agus a ritear ag Seanad Éireann 20.2.1°, 23.2.1°; a thionscnaítear ag Seanad Éireann agus a leasaítear ag Dáil Éireann 20.2.2°; Bunreacht, leasú 46; práinneacha 24; tréimhse áirithe chun a mbreithnithe ag Seanad Éireann 23
Breithiúna, cur as oifig 35.4
Cathaoirleach: An Ceann Comhairle, teideal 14.2.1°; Billí Airgid 22.2.1°, 22.2.6°; Billí is siocair d'achainí 27.5.1°, 27.6; Billí práinneacha 24.1; breithiúna, cur as oifig 35.4.2°; Coimisiún le linn an tUachtarán a bheith as láthair, etc. 14.2.1°, 14.2.3°; Comhairle Stáit 31.2; toghadh 15.9.1°; toghadh ina chomhalta 16.6; tuarastal 15.9.2°; vóta cinniúna 15.11.2°
cogadh, aontú 28.3
Coiste Pribhléidí: *feic* Coiste Pribhléidí
comhaltas 16.1, 16.2, 16.6, 16.7, 28.7
comóradh agus lánscor 13.2.1°, 13.2.2°, 16.3, 28.10
conarthaí idirnáisiúnta 29.5, 29.6
dáilcheantair: 16.2.1°; athmheas 16.2.4°; comhaltaí 16.2.3°, 16.2.6°
dlíthe: a chuirfeadh saoránach faoi mhíchumas 16.1.3°; dáilcheantair, líon comhaltaí 16.2.6°; státchíos nó airgead poiblí eile 17.2
ionradh 28.3.2°
lánscor: *feic* comóradh agus lánscor *thuas*
Leas-Chathaoirleach: Coimisiún le linn an tUachtarán a bheith as láthair, etc. 14.2.3°; toghadh 15.9.1°; tuarastal 15.9.2°
Meastacháin ar fháltas agus ar chaitheamh airgid 17.1.1°, 28.4.4°
Oireachtas, Teach den Oireachtas 15.1.2°
ré 16.5
Rialtas: *feic* Rialtas

Rúin Airgeadais 17.1.2°
scaoileadh ar phósadh 41.3.2°
Taoiseach: ainmniú 13.1.1°; éirí as oifig 28.10, 28.11.2°
Teach Ionadóirí 15.1.2°
toghcháin: corrfholúntais 16.7; daoine is intofa ar chomhaltas Dháil Éireann 16.1; olltoghchán 16.3.2°, 16.4.1°; teacht le chéile dá éis 16.4.2°; vótáil 16.1, 16.2.5°, 16.4.1°
Feic freisin Oireachtas; Tithe an Oireachtais
dáilcheantair
Dáil Éireann 16.2
daonáireamh
dáilcheantair, daonra 16.2.3°
daonlathas
Stát daonlathach 5
daonra
dáilcheantair 16.2
diamhasla
foilsiú nó aithris 40.6.1°
dílleachtaí
Stát, cabhair maireachtála 45.4.1°
díolúine: *feic* maoin nádúrtha
Dlí Idirnáisiúnta: *feic* Caidreamh Idirnáisiúnta
dlínse
taobh amuigh dá chríoch 29.8
dlínse achomhairc: *feic* cúirteanna
dlíthe
Aontas Eorpach: *feic* Aontas Eorpach
Ard-Aighne 30.1
bailíocht: *feic* Bunreacht
bannaí a dhiúltú 40.4.6°
beartas comhdhaonnach i ndéanamh dlíthe 45
Billí: *feic* Billí
breithiúna, cumhdach dlíthe 34.6.1°
Bunreacht: *feic* Bunreacht
caidreamh eachtrach 29.4.2°
ceart chun na beatha 40.3.3°
cogadh nó ceannairc faoi arm 28.3.3°
comhlachais agus cumainn 40.6
conarthaí idirnáisiúnta 29.6

cur isteach ina n-iris 25.4.5°, 25.4.6°
Dáil Éireann: *feic* Dáil Éireann
diamhasla, etc., foilsiú nó aithris 40.6.1°
dlí míleata 38.4
dlínse taobh amuigh dá chríoch 29.8
faisnéis maidir le seirbhísí atá ar fáil go dleathach i stát eile 40.3.3°
fógairt 13.3.2°, 25.1, 25.2, 25.3, 25.4.2°, 27.5.2, 27.6, 46.5
leithghabháil ar státchíos nó ar airgead poiblí 17.2
limistéar agus raon feidhme 3.1
maoin phríobháideach 43.1.2°
Oireachtas, cumhacht chun a ndéanta 15.2.1°
pósadh 41.3.2°, 41.4
práinneacha, tréimhse feidhme 24.3
reachtaíocht *ex post facto* 15.5.1°
Rúin Airgeadais, feidhm dlí a thabhairt dóibh 17.1.2°
saoránaigh: cearta pearsanta, cosaint 40.3; ionad cónaithe slán dóibh 40.5; ionann i láthair an dlí 40.1; saoirse phearsanta 40.4
Saorstát Éireann 50
scoileanna, cúnamh Stáit 44.2.4°
teacht i ngníomh 25.4.1°
teangacha, téacsanna a bheidh curtha isteach ina n-iris sa dá theanga 25.4.5°; 25.4.6°
tiontú oifigiúil 25.4.4°
toirmeasc ar phionós an bháis 15.5.2°
Uachtarán á gcaomhnú 12.8
údaráis áitiúla 28A
eaglaisí
Stát, admháil 44.1
Ealaíonacht
Seanad Éireann, rolla toghcháin 18.7.1°
earraí
brabús éagórach 45.3.2°
earraí riachtanacha 45.2
easláin
cabhair maireachtála 45.4.1°
éigeandáil: *feic* Tithe an Oireachtais

Éire
ainm an Stáit 4
an dá dhlínse
institiúidí le cumhachtaí agus feidhmeanna comhroinnte 3.2
aontaithe 3.1
Bunreacht, pobal á ghabháil chucu *brollach*
daoine de bhunadh na hÉireann
ina gcónaí ar an gcoigríoch 2
dlí idirnáisiúnta, bunrialacha 29.3, 29.8
saoránacht agus náisiúntacht 9
síocháin, mian ina leith 29.1, 29.2
Stát, cineál 4, 5
suaitheantas náisiúnta 7
Uachtarán 12.1
faisnéis maidir le seirbhísí atá ar fáil go dleathach i stát eile, saoirse chun í a fháil nó a chur ar fáil 40.3.3°
fáltas agus caitheamh airgid: *feic* Meastacháin ar fháltas agus ar chaitheamh airgid
farraigí 2
fiacha: *feic* Billí Airgid
fiontraíocht phríobháideach 45.3.2°
fireann nó baineann
Dáil Éireann 16.1
náisiúntacht 9.1.3°
pósadh 41.4
saoránacht 9.1.3°
slí bheatha 45.2, 45.4.2°
foirgníocht
Seanad Éireann, rolla toghcháin 18.7.1°
forais ardoideachais
Seanad Éireann, comhaltaí 18.4.2°
Fórsaí Cosanta
ardcheannas 13.4, 13.5.1°
armchúirteanna 38.4.2°
cogadh, gníomhartha lena linn 40.4.5°
oifigigh, gairme 13.5.2°
Feic freisin fórsaí míleata nó fórsaí armtha
fórsaí míleata nó fórsaí armtha
bunú 15.6

Feic freisin Fórsaí Cosanta
freagrach, go léir le chéile 28.4.2°
fuinneamh: *feic* maoin nádúrtha
gabháil
Tithe an Oireachtais, comhaltaí 15.13
Gaeilge: *feic* Teanga
gairm uaisleachta nó onóra
Rialtas, aontú 40.2.2°
Stát, bronnadh 40.2.1°
graostacht
foilsiú nó aithris 40.6.1°
Habeas Corpus
cogadh 40.4.5°
dlí, bailíocht 40.4.3°
ordú, ceart chuige 40.4
Iascaireacht
Seanad Éireann, rolla toghcháin 18.7.1°
idirdhealú
maidir le polaitíocht nó creideamh nó aicmí 40.6.2°
innealtóireacht
Seanad Éireann, rolla toghcháin 18.7.1°
ionadaíocht chionúire
Dáil Éireann, toghcháin 16.2.5°
Seanad Éireann, toghcháin 18.5
Uachtarán na hÉireann, toghcháin 12.2.3°
ionann
is ionann saoránaigh i láthair an dlí 40.1
ionradh
Stát, cosaint 28.3.2°
Iris Oifigiúil
dlíthe, fógairt 25.4.2°
leanaí
caomhnú ag an Stát 42A
fostaíocht 45.4.2°
oideachas: 42.2, 42.3.2°, 44.2.4°; bunoideachas, cur ar fáil 42.4; dualgas tuistí 42.1, 42.3.1°
scaoileadh ar phósadh 41.3.2°
leas an phobail 6.1, 41.2.1°, 42.3.2°, 42.5, 43.2.2°, 45.2
leas poiblí

rúndacht na Comh-Aireachta 28.4.3°
leithghabháil
Billí Airgid 21, 22
críocha 17.2
státchíos 11
Liospáin, *feic* Conradh Liospáin
Litríocht
Seanad Éireann, rolla toghcháin 18.7.1°
Lucht Oibre: *feic* Oibreachas; Saothrú
maitheas, an mhaitheas phoiblí *brollach*
maithiúnas
ceart maithiúnais dílsithe san Uachtarán 13.6
máithreacha
dul le saothar 41.2.2°
Feic freisin ceart chun na beatha
maoin nádúrtha
Stát, is leis gach ábhar maoine nádúrtha 10
maoin phríobháideach
aicmí creidimh 44.2.5°, 44.2.6°
cosaint 40.3.2°, 43
gustal saolta an phobail 45.2
Meastacháin ar fháltas agus ar chaitheamh airgid
Dáil Éireann, breithniú 17.1.1°, 28.4.4°
mianaigh agus mianraí: *feic* maoin nádúrtha
mionchionta 38.2
mná
Dáil Éireann 16.1
náisiúntacht 9.1.3°
saoránacht 9.1.3°
slí bheatha 45.2, 45.4.2°
Feic freisin teaghlach
monaplachtaí
earraí riachtanacha 45.2
brabús éagórach 45.3.2°
náisiún
ceart a bheith páirteach ann 2
cearta 1
Comhaontú na Breataine-na hÉireann 29.7
dílseacht don náisiún 9.2

éagsúlacht a bhféiniúlachtaí agus a dtraidisiún 3.1
Teaghlach agus leas 41.1.2°
toil na daoine go léir a aontú 3.1
Uachtarán, aitheasc uaidh 13.7.2°
náisiúntacht: *feic* saoránacht agus náisiúntacht
neamhspleáchas
dearbhú 5
an náisiún *brollach*
obair
sláinte lucht oibre 45.4.2°
slí bheatha lucht oibre 45.2
Oibreachas
Seanad Éireann, rolla toghcháin 18.7.1°
Feic freisin saothrú
oideachas
bunoideachas 42.4
fundúireachtaí oideachais, maoin 44.2.6°
Seanad Éireann, rolla toghcháin 18.7.1°
teaghlach, cearta 42
Feic freisin leanaí, tuistí
oileáin
agus farraigí teorann 2
Oireachtas
beartas comhdhaonnach i ndéanamh dlíthe 45
comhairlí feidhmeannais agus gairme beatha 15.3
conarthaí idirnáisiúnta 29.6
Dáil Éireann, dáilcheantair, athmheas 16.2.4°
dlíthe: déanamh 15.2.1°; dlíthe in aghaidh an Bhunreachta 15.4; fógairt 13.3.2°; Shaorstát Éireann 50; slándáil an phobail a chur in áirithe 28.3.3°
fórsaí míleata nó fórsaí armtha 15.6
Parlaimint Náisiúnta 15.1
reachtaíocht *ex post facto* 15.5.1°
rúndacht na Comh-Aireachta 28.4.3°
suíonna 15.7
Tithe: *feic* Tithe an Oireachtais
tuarascálacha agus foilseacháin oifigiúla 15.12
Feic freisin Dáil Éireann; Seanad Éireann; Tithe an Oireachtais; Uachtarán na hÉireann

ollscoileanna
Ollscoil Bhaile Átha Cliath, comhaltaí Sheanad Éireann, 18.4.1°, 18.4.2°, 18.6
Ollscoil na hÉireann, comhaltaí Sheanad Éireann 18.4.1°, 18.4.2°, 18.6
Parlaimint
maoin nádúrtha 10
Oireachtas is ainm di 15.1.1°
raon feidhme na ndlíthe 3.1
Feic freisin Oireachtas
pionós an bháis
toirmeasc air 15.5.2°
pobal
beartas: comhdhaonnach 45; náisiúnta 6.1
Billí, cur faoi bhreith an phobail 27
Bunreacht a ghabháil chucu *brollach*
coireanna agus cionta, cúiseamh 30.3
comhairlí feidhmeannais nó gairme beatha 15.3
cumhacht riala 6.1
Reifreann: *feic* Reifreann
Saorstát Éireann, cumhacht chomhallach 49.1
slándáil: *feic* slándáil an phobail agus ord poiblí
Stát, ceapadh rialtóirí 6.1
Uachtarán: agus an pobal 12.8; toghadh 12.2.1°
pósadh
gan beann ar gnéas 41.4
ord an phósta a chosaint 41.3.1°
scaoileadh 41.3.2°
Feic freisin Teaghlach
práinn náisiúnta: *feic* Tithe an Oireachtais
preas
saoirse 40.6.1°
Pribhléidí, Coiste: *feic* Coiste Pribhléidí
Príomh-Aire: *feic* Taoiseach
Príomh-Bhreitheamh
Bunreacht, cóip dá théacs a fhíorú 25.5.2°
Coimisiún le linn an tUachtarán a bheith as láthair, etc. 14.2.1°, 14.2.2°
Comhairle Stáit: comhalta de bhua oifige 31.2; duine a bhí tráth ina Phríomh-Bhreitheamh 31.2

dearbhú 34.6.1°, 34.6.2°
dearbhú ó bhreithiúna eile 34.6.2°
uachtarán na Cúirte Uachtaraí 34.5.2°
raidió
ord agus moráltacht phoiblí 40.6.1°
Ranna Stáit: *feic* Stát
raon feidhme na ndlíthe 3.1
reachtais
fo-reachtais 15.2.2°
rialtas áitiúil 28A
údaráis áitiúla 28A
Reacht na Róimhe: *feic* Cúirt Choiriúil Idirnáisiúnta
Reifreann
Billí, achainí 27.5, 27.6
Bunreacht: leasú 46.2, 47.1; togra nach togra chun a leasaithe 47.2
ceart vótála 47.3
rialú 47.4
Rialtas
Airí i mbun Ranna Stáit 28.12
Ard-Aighne: comhairleach i gcúrsaí dlí 30.1; gan bheith ina chomhalta 30.4
beartas, tuairimí léirmheasa a nochtadh 40.6.1°
Billí: práinneacha 24.1; síniú go luath 25.2.2°
caidreamh eachtrach 29.4
ceapadh 13.1, 28.1
comhairlí feidhmeannais nó gairme beatha 15.3
comhaltaí: as láthair nó ar míthreoir, feidhmeanna a chomhlíonadh 28.12; ceapadh 13.1; ceart chun labhairt i ngach Teach den Oireachtas 28.8; de Dháil Éireann nó de Sheanad Éireann 28.7; éirí as oifig ar an Taoiseach d'éirí as oifig 28.11.1°; éirí nó cur as oifig 13.1.3°, 28.9; leanúint dá n-oifig go gceaptar a gcomharbaí 28.11; líon 28.1; tuarastal 28.12
cumhacht chomhallach, oibriú 28.2, 29.4, 49.2
cumhachtaí: oibriú le horgain Stáit 6.2; teacht ón bpobal 6.1
Dáil Éireann: ceart ag comhaltaí labhairt ann 28.8; comhaltaí den Rialtas agus comhaltas Dháil Éireann

28.7; comhaontú 13.1.2°; freagracht di 28.4.1°; lánscor 28.11.2°; Meastacháin ar fháltas agus ar chaitheamh airgid 28.4.3°
gairm uaisleachta nó onóra 40.2
ionradh 28.3.2°
leithghabháil ar státchíos agus airgead poiblí 17.2
maoin nádúrtha 10
Meastacháin ar fháltas agus ar chaitheamh airgid 28.4.3°
náisiún, ceart chun a rogha Rialtas a bhunú 1
Ranna Stáit: Airí ina mbun 28.12; comhfhreagracht 28.4.2°
rúndacht na bpléití ag cruinnithe 28.4.3°
Saorstát Éireann, comharbaí 49.3
Stát, cosaint 28.3.2°
Tánaiste, ainmniú agus dualgais 28.6
Taoiseach, ainmniú, Ceann an Rialtais 13.1.1°, 28.5.1°
tréas, míniú 39
Uachtarán: cumhachtaí agus feidhmeanna 13.9, 13.11; imeacht ón Stát 12.9; teachtaireacht nó aitheasc 13.7.3°
Riarachán Poiblí
Seanad Éireann, rolla toghcháin 18.7.1°
ríchíos: *feic* maoin nádúrtha
Róimh: *feic* Conradh na Róimhe
rollaí toghcháin
córiú 18.7
dreamanna feidhme nó gairme beatha a chur ina n-ionad 19
Seanad Éireann, toghcháin 18.4.1°, 18.4.2°
Sacs-Bhéarla 8.2, 8.3
Saíocht: *feic* Teanga
saoirse choinsiasa 42.3.1°, 44.2.1°
saoirse chun faisnéis a fháil nó a chur ar fáil 40.3.3°
saoirse chun taisteal 40.3.3°
saoirse phearsanta: *feic* saoránaigh
saoránacht agus náisiúntacht
Comhaontú na Breataine-na hÉireann 29.7
fáil 2, 9.1.2°, 9.1.3°
saoránaigh de Shaorstát Éireann 9.1.1°
saoránaigh
ceart chun: bheith páirteach i náisiún na hÉireann 2; comhlachais agus cumainn a bhunú 40.6; leorshlí

bheatha 45.2; maoine príobháidí 43.1; teacht ar tionól 40.6; tuairimí a nochtadh 40.6.1°; vótála: reifreann 47.3; toghchán don Uachtarán 12.2.2°; toghchán do Dháil Éireann 16.1; toghchán d'údarás áitiúil 28A
cearta pearsanta 40.3
Dáil Éireann, comhaltas 16.1
dualgas polaitiúil 9.2
gairm uaisleachta 40.2.1°
ionad cónaithe, slán do shaoránach 40.5
ionann i láthair an dlí 40.1
saoirse: coinsias 44.2.1°; pearsanta 40.4
toghchán don Uachtarán 12.2.2°, 12.4.1°
uireasa 45.4.2°
Saorstát Éireann
Bunreacht, aisghairm 48
Comhairle Stáit, Uachtarán ar Ard-Chomhairle Shaorstát Éireann 31.2
cumhacht chomhallach 49.1
dlíthe 50
Rialtas, comharba ar Rialtas Shaorstát Éireann 49.3
saoránaigh Shaorstát Éireann 9.1.1°
talamh, mianaigh, mianraí agus uisce 10.2
scaoileadh ar phósadh 41.3.2°
scoileanna
cúnamh Stáit 44.2.4°
príobháideacha 42.2
saoirse chun rogha a dhéanamh 42.2, 42.3.1°
Stáit 42.2, 42.3.1°
Seanad Éireann
ainm 15.1.2°
Ard-Reachtaire Cuntas agus Ciste: *feic* Ard-Reachtaire Cuntas agus Ciste
Billí: achainí á iarraidh gan iad a shíniú 27; Airgid: *feic* Billí Airgid; a ritear ag Dáil Éireann, leasú 20.1; práinneacha 24; síniú níos luaithe le comhthoil Sheanad Éireann 25.2.2°; tionscnamh 20.2, 23.2.1°; tréimhse áirithe chun a mbreithnithe 23
breithiúna, cur as oifig 35.4

Cathaoirleach: Billí is siocair d'achainí 27.5.1°, 27.6; Billí práinneacha 24.1; breithiúna, cur as oifig 35.4.2°; Coimisiún le linn an tUachtarán a bheith as láthair, etc. 14.2.1°, 14.2.3°; Comhairle Stáit 31.2; toghadh 15.9.1°; tuarastal 15.9.2°; vóta cinniúna 15.11.2°
Coiste Pribhléidí: *feic* Coiste Pribhléidí
comhaltaí 18.1, 18.2; ainmniú 18.3; den Rialtas 28.7.2°; ollscoile agus forais ardoideachais eile 18.4.1°, 18.4.2°, 18.6; téarma oifige 18.9; toghadh 18, 19
corrfholúntais 18.10.2°, 18.10.3°
Dáil Éireann, lánscor 18.8
Leas-Chathaoirleach: Coimisiún le linn an tUachtarán a bheith as láthair, etc. 14.2.4°; toghadh 15.9.1°; tuarastal 15.9.2°
ré 18.8
Rialtas: *feic* Rialtas
rollaí, cóiriú 18.7.1°, 18.7.2°
Teach den Oireachtas 15.1.2°
toghadh: dreamanna feidhme nó gairme beatha 19
toghcháin: olltoghchán 18.8; céad-tionól dá éis 18.8
Feic freisin Oireachtas; Tithe an Oireachtais
seandaoine
cabhair maireachtála 45.4.1°
seirbhísí comhdhaonnacha
Seanad Éireann, rolla toghcháin 18.7.1°
síocháin
achrann idir náisiúin, réiteach 29.2
mian na síochána 29.1
slándáil an phobail agus ord poiblí
Billí práinneacha 24.1
ceannairc faoi arm 28.3.3°
cogadh, dlíthe is gá in aimsir chogaidh 28.3.3°
coinsias, saoirse 44.2.1°
comhlachais agus tionóil 40.6.1°
creideamh, cleachtadh 44.2.1°
cúirteanna faoi leith 38.3.1°
ionradh 28.3.2°
tuairimí, nochtadh 40.6.1°

Stát
ainm 4
airgead poiblí, caitheamh airgid a rialú 33.1
Airí 28.12
Ard-Reachtaire Cuntas agus Ciste: *feic* Ard-Reachtaire Cuntas agus Ciste
beartas comhdhaonnach 45
caidreamh eachtrach 29.4
ceart ag an bpobal rialtóirí a cheapadh 6.1
cineál 5
cíos 11
cogadh: aimsir chogaidh 28.3.3°; fógairt 28.3
Comhairle Stáit: *feic* Comhairle Stáit
conarthaí idirnáisiúnta 29.5
creideamh 44
cumhacht chomhallach, oibriú 28.2, 29.4, 49.2
cumhachtaí riala 6
gairm uaisleachta nó onóra 40.2
ionradh 28.3
maoin: nádúrtha 10; príobháideach 43
Meastacháin ar fháltas agus ar chaitheamh airgid 17.1.1°, 28.4.4°
oideachas: *feic* oideachas
Oireachtas, cumhacht chun dlíthe a dhéanamh 15.2
pósadh, cosaint 41.3
Ranna Stáit 28.12
rialtas áitiúil 28A
saoránacht agus náisiúntacht 9.1
saoránaigh, cearta pearsanta 40
suaitheantas náisiúnta 7
tairise 9.2
talamh, mianach, mianraí agus uisce 10
Teaghlach: *feic* Teaghlach
teangacha 8
tréas, míniú 39
Uachtarán: imeacht ón Stát 12.9; tosach aige ar gach duine sa Stát 12.1
státchíos
ciste 11

leithghabháil ag Dáil Éireann 17.2
suaitheantas náisiúnta
tuairisc 7
táinseamh: *feic* Uachtarán na hÉireann
taisteal, saoirse chun 40.3.3°
Talmhaíocht
Seanad Éireann, rolla toghcháin 18.7.1°
Tánaiste
ainmniú 28.6.1°
Comhairle Stáit: *feic* Comhairle Stáit
Dáil Éireann, comhalta 28.7.1°
Taoiseach, gníomhú ina ionad 28.6.2°, 28.6.3°
Taoiseach
airgead poiblí, leithghabháil ag Dáil Éireann 17.2
Ard-Aighne: *feic* Ard-Aighne
Ard-Reachtaire Cuntas agus Ciste: *feic* Ard-Reachtaire Cuntas agus Ciste
Billí: achainí á iarraidh gan iad a shíniú 27.5.1°, 27.6; práinneacha 24.1; síniú agus fógairt 25.1
breithiúna, cur as oifig 35.4.2°
Bunreacht, téacs 25.5
ceapadh 13.1.1°
Comhairle Stáit: *feic* Comhairle Stáit
comharba, ceapadh 28.11
Dáil Éireann: comhalta 28.7.1°; comóradh agus lánscor 13.2.1°, 13.2.2°, 16.3.1°; tromlach i dtacaíocht leis 13.2.2°, 28.10
éirí as oifig 28.9.1°, 28.10, 28.11
Príomh-Aire 28.5.1°
Rialtas: ceann an Rialtais 28.5.1°; comhaltaí a ainmniú 13.1.2°; dul nó cur as oifig 13.1.3°, 28.9.2°, 28.9.3°, 28.9.4°, 28.11.1°
Seanad Éireann: comhaltaí a ainmniú 18.3, 18.10.2°; lá a chomórtha tar éis olltoghcháin 18.8
Tánaiste: *feic* Tánaiste
Uachtarán, eolas a thabhairt dó ar bheartas 28.5.2°
Teach Ionadóirí: *feic* Dáil Éireann
Teaghlach
comhdhaonnacht, buíon-aonad 41.1.1°

cosaint ón Stát 41.1.2°
leanaí, oideachas 42.1
máithreacha clainne, saothar 41.2.2°
mná, admháil ag an Stát 41.2
Pósadh 41.3, 41.4
Teanga
Billí a ritear sa dá theanga oifigiúla 25.4.3°, 25.4.6°
Bunreacht 25.5
dlíthe, tiontú oifigiúil 25.4.4°
Gaeilge, an teanga náisiúnta agus an phríomhtheanga oifigiúil 8.1, 8.3
Sacs-Bhéarla, an dara teanga oifigiúil 8.2, 8.3
agus Saíocht, Seanad Éireann, rolla toghcháin 18.7.1°
teidil: *feic* gairm uaisleachta nó onóra
tionól
ceart chun teacht ar tionól: *feic* saoránaigh; ceart chun teacht ar tionól
Tionscal agus Tráchtáil
earraí riachtanacha, cosc ar shaor-iomaíocht 45.2
pobal, cosaint ar bhrabús éagórach 45.3.2°
Seanad Éireann, rolla toghcháin 18.7.1°
tionscnamh príobháideach 45.3.1°
Tithe an Oireachtais
Ard-Reachtaire Cuntas agus Ciste: *feic* Ard-Reachtaire Cuntas agus Ciste
Billí a ritear nó a mheastar a ritheadh ag an dá Theach 13.1.1°, 20.3, 21.2.2°, 23, 24.2, 25.1, 26, 27
breithiúna, gan cead acu bheith ina gcomhaltaí 35.3
breithiúna, na Cúirte Uachtaraí nó na hArd-Chúirte, cur as oifig 35.4
buan-orduithe agus rialacha 15.10
ceisteanna, breith orthu 15.11.1°, 15.11.2°
comhaltaí: dídean 15.10; liúntais agus saoráidí taistil 15.15; pribhléidí 15.13
comhaltas den dá Theach 15.14
comóradh 13.2.3°
cruinnithe i gcóngar dóibh 40.6.1°
córam 15.11.3°
dlíthe Shaorstát Éireann 50

dlíthe, tréimhse feidhme a fhadú 15.8, 24.1, 24.3
éigeandáil 28.3.3°
práinn náisiúnta 28.3.3°
Rialtas, comhaltaí, ceart bheith i láthair 28.8
saoirse aighnis 15.10
scríbhinní oifigiúla agus páipéir phríobháideacha comhaltaí a dhídean 15.10
suíonna 15.1.3°, 15.8
tuarascálacha agus foilseacháin oifigiúla 15.12
Uachtarán: cumhacht chomórtha 13.2.3°; dearbhú ar dhul i gcúram oifige 12.8; freagracht dóibh 13.8.1°, 13.8.2°; gan bheith ina chomhalta 12.6.1°, 12.6.2°; táinseamh 12.10, 13.8; teachtaireacht nó aitheasc 13.7.1°, 13.7.3°; toghadh, ainmniú iarrthóirí 12.4.2°, 12.4.3°
vótaí 15.11
Feic freisin Dáil Éireann; Oireachtas; Seanad Éireann
toghcháin: *feic* Dáil Éireann; Seanad Éireann; Uachtarán na hÉireann; údaráis áitiúla
Tráchtáil: *feic* Tionscal agus Tráchtáil
tréas
comhaltaí Thithe an Oireachtais 15.13
míniú 39
tuairimí a nochtadh: *feic* saoránaigh
tuistí
oideachas dá gclainn, cearta agus dualgais 42
Uachtarán Ard-Chomhairle Shaorstát Éireann: *feic* Saorstát Éireann
Uachtarán na hArd-Chúirte: *feic* Ard-Chúirt
Uachtarán na hÉireann
Ard-Aighne 30.2, 30.5
Ard-Reachtaire Cuntas agus Ciste: *feic* Ard-Reachtaire Cuntas agus Ciste
atoghadh 12.3.2°, 12.4.4°
bás 12.3, 12.7, 14.1
beartas inmheánach agus beartas idirnáisiúnta 28.5.2°
Billí: achainí á iarraidh gan iad a shíniú 27; Airgid: *feic* Billí Airgid; cur faoi bhreith an phobail 27; cur faoi bhreith na Cúirte Uachtaraí 26, 34.3.3°; práinneacha, síniú 25.3; síniú: 13.3.1°; tar éis iad a chur faoi bhreith na Cúirte

Uachtaraí 26.1.3°, 26.3; tar éis Reifrinn 46.5; tairiscint chun a sínithe 25.1; téacs a shíneofar 25.4.3°; tréimhse chun a sínithe 25.2, 25.3
breithiúna: *feic* breithiúna; Príomh-Bhreitheamh
Bunreacht, cóip de a shíniú 25.5.2°
Coimisiún le linn dó bheith as láthair, etc. 14
Coiste Pribhléidí 22.2.3°
Comhairle Stáit: *feic* Comhairle Stáit
cumhachtaí agus feidhmeanna 12.1, 13.8.1°, 13.10; oibriú agus comhlíonadh 13.9, 13.11, 14.1, 14.4, 14.5
Dáil Éireann, comóradh agus lánscor 13.2.1°, 13.2.2°, 16.3.1°, 28.10
dearbhú 12.8
dlíthe, fógairt 13.3.2°, 25.4.2°, 27.5.2°, 27.6, 46.5
Fórsaí Cosanta: ardcheannas 13.4, 13.5.1°; oifigigh 13.5.2°
imeacht ón Stát 12.9
maithiúnas 13.6
míthreoir 12.3, 12.7, 14.1
oifig: cur as oifig 12.10; dul i gcúram oifige 12.7, 12.8; éirí as 12.3, 12.7, 14.1; folúntas 14.1; seachas oifig Uachtaráin 12.6.3°; téarma oifige 12.3.1°
Oireachtas, cuid de 15.1.2°
Príomh-Bhreitheamh: *feic* Príomh-Bhreitheamh
Rialtas, comhaltaí: ceapadh 13.1.2°, 28.1; éirí nó cur as oifig 13.1.3°, 28.9
Seanad Éireann, céad-tionól tar éis olltoghcháin 18.8
sochair agus liúntais 12.11.2°, 12.11.3°
stát-áras 12.11.1°
táinseamh 12.10, 13.8
Taoiseach, ceapadh 13.1.1°
teachtaireacht nó aitheasc 13.7
teideal 12.1
Tithe an Oireachtais: *feic* Tithe an Oireachtais
toghadh: 12.2.1°; ainmniú 12.4.2°, 12.4.3°, 12.4.4°; ceart vótála 12.2.2°; daoine is intofa 12.4; lá an toghcháin 12.3.3°; modh an toghcháin 12.2, 12.4.5°; rialú an toghcháin 12.5
tosach aige ar gach duine sa Stát 12.1
uchtáil
orduithe uchtála 37.2

INDEX

Note Page numbers are not used in this index: numbers relate to the Articles of the Constitution. Words which are capitalised in the text of the Constitution are capitalised in the index.

accountancy
  Seanad Éireann election panel 18.7.1°
adoption
  adoption orders 37.2
aged and infirm
  support of 45.4.1°
Agreement, British-Irish: *see* British-Irish Agreement
agreements
  international 29.5, 29.6
Agriculture
  Seanad Éireann election panel, 18.7.1°
air: *see* natural resources
Appeal, Court of: *see* courts
appellate jurisdiction: *see* courts
appropriation
  Money Bills: *see* Money Bills
  purpose of 17.2
  revenues of the State 11
architecture
  Seanad Éireann election panel 18.7.1°
armed forces: *see* military or armed forces. *See* also Defence Forces
armed rebellion: *see* rebellion, armed
arrest
  members of the Houses of the Oireachtas 15.13
Art
  Seanad Éireann election panel 18.7.1°
assembly, right of: *see* citizens; freedom of assembly
associations and unions: *see* citizens; freedom of association
Attorney General
  appointment 30
  Bills referred to Supreme Court 26.2.1°

Council of State: *see* Council of State
functions 30.1
Government membership 30.4
prosecution of crimes and offences 30.3
remuneration 30.6
resignation or termination of appointment 30.5
bail 40.4.3°, 40.4.6°
ballot
Dáil Éireann elections 16.1.4°
presidential election 12.2.3°, 12.4.5°
Seanad Éireann elections 18.5
banking
Seanad Éireann election panel 18.7.1°
Belfast, Agreement: *see* British-Irish Agreement
Bills
Constitution: *see* Constitution
Council of State: *see* Council of State
Dáil Éireann: *see* Dáil Éireann
Houses of the Oireachtas: *see* Oireachtas, Houses of
laws: enactment 13.3.1°, 25.4.1°; promulgation 25.4.2°
Money Bills: *see* Money Bills
petitions against signature of 27
reference to the people 27
Seanad Éireann: *see* Seanad Éireann
signature of: *see* President of Ireland
stated period for consideration of 23
Supreme Court: *see* Supreme Court
text, official translation 25.4.4°
urgent 24
blasphemy
publication or utterance 40.6.1°
British-Irish Agreement 29.7
Ceann Comhairle, An (Chairman of Dáil Éireann): *see* Dáil Éireann
census
constituencies, population of 16.2.3°
Chairman of Dáil Éireann (An Ceann Comhairle): *see* Dáil Éireann
Chairman of Seanad Éireann: *see* Seanad Éireann

Chief Justice
Commission during absence, etc. of President of Ireland 14.2.1°, 14.2.2°
Constitution, text of 25.5.2°
Council of State: *see* Council of State
declaration: 34.6.1°, 34.6.2°; judges 34.6.2°
Supreme Court, president of 34.5.2°
children
dissolution of marriage 41.3.2°
education: 42.2, 42.3.2°, 44.2.4°; parent's duty 42.1, 42.3.1°; State provision 42.4
employment of 45.4.2°
State guardianship 42A
cinema
public order and morality 40.6.1°
citizens
assembly and associations 40.6
Dáil Éireann membership and vote 16.1
dwellings, inviolability of 40.5
entitlement to be part of the Irish nation 2
freedom of conscience 44.2.1°
freedom of expression of opinions 40.6.1°
fundamental political duties of 9.2
economic necessity of 45.4.2°
election for President 12.2.2°, 12.4.1°
equality before law 40.1
liberty of the person 40.4
personal rights of 40.3
right to adequate means of livelihood 45.2
right to private property 43.1
right to vote at Referendum 47.3
right to vote for local authorities 28A
of Saorstát Éireann 9.1.1°
titles of nobility 40.2
citizenship and nationality
acquisition of 2, 9.1.2°, 9.1.3°
British-Irish Agreement 29.7
Saorstát Éireann citizens 9.1.1°
collective responsibility 28.4.2°

Commerce: *see* Industry and Commerce
Commission during absence or incapacity of President of Ireland
functions 14.1
personnel 14.2
quorum 14.3
Committee of Privileges
appointment 22.2.3°
finality of decision of 22.2.5°
report of 22.2.4°, 22.2.6°
whether a Bill is or is not a Money Bill 22.2
common defence: *see* European Union
common good, the *preamble*, 6.1, 41.2.1°, 42.3.2°, 42A, 43.2.2°, 45.2
Comptroller and Auditor General
appointment 33.2
Dáil Éireann, reports to 33.4
public moneys, disbursements and audits 33.1
removal 33.5
conscience, freedom of: *see* citizens; freedom of conscience
constituencies
Dáil Éireann 16.2
Constitution
adoption of *preamble*
Bills amending 24.1, 25.1, 26, 46, 47.1
British-Irish Agreement 29.7
declaration by President to maintan 12.8
enrolled copy of: preparation, authentication and enrolment 25; text in national language prevails 25.5.4°
exercise of powers of government 6.2, 49.2
judges and upholding of 34.6.1°
judicial functions by authorised persons 37
laws: enacted prior to date of 50.2; invalid to extent of repugnancy to 15.4; necessary during time of war or armed rebellion 28.3.3°; validity of 34.3, 34.4, 34.5, 40.4.3°
Referendum 46, 47.1
Saorstát Éireann: *see* Saorstát Éireann
text of 25.5

See also courts; High Court; Supreme Court
Constitution of Saorstát Éireann: *see* Saorstát Éireann
Council of State
Bills: Money 22.2.3°, 22.2.6°; petition against signature 27.4.1°; reference to Supreme Court 26.1.1°, 26.1.2°; urgent 24.1
constitution of 31
meetings 31.8, 32
members appointed: period of office 31.5; resignation 31.6; termination of appointment 31.7
members' declaration 31.4
President of Ireland: convening Houses of Oireachtas 13.2.3°; message to Houses of Oireachtas 13.7.1°; message to Nation 13.7.2°; powers and functions of 13.9, 14.4, 31.1, 32
County Councils
nomination of presidential candidates 12.4.2°, 12.4.3°
courtmartial: *see* military tribunals
courts
Appeal, Court of 34
appellate jurisdiction 34.3, 34.4, 34.5
constitution and organisation 36
crimes and offences, prosecution of 30.3
dissolution of marriage 41.3.2°
Final Appeal, Court of 34.2, 34.5.1°
First Instance, Court of 34.2, 34.3.1°, 34.3.4°
International Criminal Court 29.9
justice, administration of 34.1
law, validity of: *see* Constitution
military tribunals and courtsmartial 38.4, 38.6
pardon, right of 13.6
President of Ireland in relation to 13.8
punishment, power to commute or remit 13.6
refusal of bail 40.4.6°
social policy 45
special courts, power to establish 38.3, 38.6
See also High Court; judges; Supreme Court
credit
control of 45.2

crimes and offences
Attorney General, prosecution by 30.3
jury, criminal charges before 38.5
law, trial by 38.1
military tribunals 38.4
minor offences, trial of 38.2
pardon, right of 13.6
punishment, power to commute or remit 13.6
special courts 38.3
treason, definition of 39
Culture: *see* Language
Dáil Éireann
agreements, international 29.5, 29.6
appropriation of revenue or other public moneys 17.2
Bills: amendment of Constitution 46; held up in Seanad Éireann 23; initiated in and passed by Dáil Éireann 20.1; initiated in and passed by Seanad Éireann 20.2.1°, 23.2.1°; initiated in Seanad Éireann and amended by Dáil Éireann 20.2.2°; Money: *see* Money Bills; petition against signature of 27; urgent 24
casual vacancies 16.7
Chairman: Money Bills 22.2.1°, 22.2.6°; Bills petitioned against 27.5.1°, 27.6; urgent Bills 24.1; casting vote 15.11.2°; Ceann Comhairle, An 14.2.1°; Commission during absence, etc. of President 14.2.1°, 14.2.3°; Council of State 31.2; election as member 16.6; election to office 15.9.1°; removal of judges 35.4.1°; remuneration 15.9.2°
Committee of Privileges: *see* Committee of Privileges
Comptroller and Auditor General: *see* Comptroller and Auditor General
constituencies 16.2
Deputy Chairman: Commission during absence, etc. of President 14.2.3°; election to office 15.9.1°; remuneration 15.9.2
dissolution and summoning of 13.2.1°, 13.2.2°, 16.3, 28.10
duration of 16.5
election: casual vacancies 16.7; eligibility for 16.1; first meeting after polling day 16.4.2°; general 16.3.2°, 16.4.1°; polling 16.4.1°; voting 16.1, 16.2.5°

Estimates of receipts and expenditure 17.1.1°, 28.4.4°
Financial Resolutions 17.1.2°
Government: *see* Government
House of Representatives 15.1.2°
invasion 28.3.2°
laws: constituencies 16.2.6; revenue or other public moneys 17.2; sex disqualification 16.1.3°
membership of 16.1, 16.2, 16.6, 16.7, 28.7
Oireachtas, House of 15.1.2°
removal of judges 35.4
summoning: *see* dissolution and summoning above
Taoiseach: nomination of 13.1.1°; resignation of 28.10, 28.11.2°
war, assent to 28.3
death penalty, prohibition of 15.5.2°
debt: *see* Money Bills
Defence Forces
commissions 13.5.2°
courtsmartial 38.4.2°
supreme command of 13.4, 13.5.1°
war, during time of 40.4.5°
See also military or armed forces
democracy
affirmation of 5
Departments of State: *see* State
discrimination, political, religious or class 40.6.2°, 44.2.3°, 44.2.4°
dissolution of marriage 41.3.2°
Dublin City
Houses of Oireachtas, sittings 15.1.3°
President's official residence 12.11.1°
Dublin University
Seanad Éireann members 18.4.1°, 18.4.2°, 18.6
dwelling
inviolability of 40.5
education
educational institutions, property of 44.2.6°
family rights 42
primary 42.4
Seanad Éireann election panel 18.7.1°
See also children, parents

Éire: *see* Ireland
equality before the law 40.1
elections: *see* Dáil Éireann; President of Ireland; Seanad Éireann; local authorities
emergency: *see* Oireachtas, Houses of
energy: *see* natural resources
engineering
Seanad Éireann election panel 18.7.1°
English language 8.2, 8.3
enrolled text of Constitution 25.5
Estimates of receipts and expenditure
consideration by Dáil Éireann 17.1.1°, 28.4.4°
European Communities: Ireland's membership 29.4.3°
European Union
common defence 29.4.9°
laws, arising from membership of 29.4.7°
Lisbon Treaty 29.4.5°, 29.4.6°
Executive Power: *see* Government
External Relations: *see* International Relations
Family
children, education of 42.1
Marriage 41.3, 41.4
mothers, employment of 41.2.2°
Society, unit group of 41.1.1°
State, protection of 41.1.2°
woman's life within the home, recognition of 41.2
Final Appeal, Court of: *see* Courts; Supreme Court
finance
Seanad Éireann election panel 18.7.1°
Finance, Department of
member of government in charge of 28.7.1°
Financial Resolutions
legislation to give effect to 17.1.2°
First Instance, Courts of: *see* Courts
Fisheries
Seanad Éireann election panel 18.7.1°
flag, national
description of 7
franchises: *see* natural resources

freedom of assembly 40.6
freedom of association 40.6
freedom of conscience 42.3.1°, 44.2.1°
freedom of expression 40.6.1°
freedom to obtain or make available information 40.3.3°
freedom to travel 40.3.3°
functional or vocational councils
establishment of 15.3
Seanad Éireann, direct election to 19
fund
revenues of the State 11
Government
appointment of 13.1, 28.1
appropriation of revenue or other public moneys 17.2
Attorney General: *see* Attorney General
Bills: earlier signature of 25.2.2°; urgent 24.1
confidentiality of discussions at meetings of 28.4.3°
constitution of 28.1
Dáil Éireann: approval of 13.1.2°; dissolution 28.11.2°; Estimates of receipts and expenditures 28.4.4°; membership 28.7; responsibility to 28.4.1°
Departments of State: collective responsibility for 28.4.2°; Ministers in charge of 28.12
derivation and exercise of powers of 6
Estimates of receipts and expenditure 28.4.4°
executive power, exercise of 28.2, 29.4, 49.2
external relations 29.4
functional or vocational councils 15.3.2°
invasion, in case of 28.3.2°
members: absence or incapacity of 28.12; appointment of 13.1; continue in office until successors appointed 28.11; Dáil Éireann or Seanad Éireann membership 28.7; number of 28.1; remuneration of 28.12; resignation of, on resignation of Taoiseach 28.11.1°; resignation or termination of appointment of 13.1.3°, 28.9; right to be heard in each House of the Oireachtas 28.8
Ministers in charge of State Departments 28.12
nation's right to choose form of 1
natural resources 10

policy, right of citizens to criticise 40.6.1°
President: communications to Houses of Oireachtas or Nation 13.7.3°; leaving the State 12.9; powers and functions of 13.9, 13.11
Saorstát Éireann, successors of Government of 49.3
state, preservation of 28.3.2°
Tánaiste, nomination and duties of 28.6
Taoiseach, nomination of, as head of 13.1.1°, 28.5.1°
titles of nobility or honour in relation to citizens 40.2
treason, definition of 39
Habeas Corpus
law, validity of 40.4.3°
right to order of 40.4
war, during state of 40.4.5°
High Court
appeal from 34.4.1°, 34.5.4°
cabinet confidentiality 28.4.3°
First Instance, Court of 34.3.1°
Habeas Corpus proceedings 40.4
judges: *see* judges
jurisdiction 34.3
law, validity of 34.3, 40.4.3°
President of 14.2.2°, 31.2, 40.4.4°
House of Representatives: *see* Dáil Éireann
Houses of Oireachtas: *see* Oireachtas, Houses of
impeachment: *see* President of Ireland
indecent matter
publication or utterance of 40.6.1°
independence
affirmation of 5
of the nation *preamble*
Industry and Commerce
control of essential commodities, in relation to social well-being 45.2
private initiative, encouragement of 45.3.1°
protection of public, against exploitation 45.3.2°
Seanad Éireann election panel 18.7.1°
infirm, aged and
support of 45.4.1°

information on services lawfully available in another state, freedom to obtain or make available 40.3.3°
Institutions of Higher Education
Seanad Éireann, membership of 18.4.2°
International Criminal Court
Rome Statute 29.9
International Law: *see* International Relations
International Relations
agreements, international 29.5, 29.6
disputes, international, pacific settlement of 29.2
executive power of State in connection with external relations 29.4
international law, principles of 29.3, 29.8
nation's right to determine 1
peace, ideal of 29.1
President of Ireland 28.5.2°
Invasion
protection of State 28.3.2°
Ireland
both jurisdictions 3
shared institutions with executive powers and functions 3.2
citizenship and nationality 9
Constitution, adoption of *preamble*
Éire *preamble*, 4
international law, principles of 29.3, 29.8
name of State 4
national flag 7
peace, ideal of 29.1, 29.2
President: *see* President of Ireland
type of State 5
united 3.1
Iris Oifigiúil
promulgation of laws 25.4.2°
Irish ancestry
people abroad of 2
Irish language 8.1, 8.3
islands 2
judges
appointment 35.1, 36

declaration 34.6
Habeas Corpus order by 40.4
Houses of Oireachtas, membership 35.3
independence of 35.2
judicial functions by persons other than 37
justice, administration of 34.1
number 36
office of emolument, other 35.3
President of Ireland, declaration of 12.8
removal 35.4
remuneration 35.5, 36
retirement 36
jurisdiction
extra-territorial 29.8
jury
criminal charges before 38.5
justice
cabinet confidentiality 28.4.3°
judges, administration by 34.1
judicial functions by persons other than judges 37
Justice, Chief: *see* Chief Justice
public administration of 34.1
social order 45.1
special courts 38.3
Labour
Seanad Éireann election panel 18.7.1°
Language
Bills passed in both official languages 25.4.3°, 25.4.6°
constitution, enrolled copy of 25.5.4°
English, second official language 8.2, 8.3
Irish, first official language 8.1, 8.3
laws, translation of 25.4.4°
Seanad Éireann election panel 18.7.1°
laws
agreements, international 29.6
appropriation of revenue or other public moneys 17.2
area and extent of application of 3.1
assembly and associations 40.6
Attorney General 30.1

Bills: *see* Bills
blasphemous, seditious or indecent matter, publication or utterance of 40.6.1°
citizens: dwellings, inviolability of 40.5; equality of before law 40.1; personal liberty, deprival of 40.4; protection of personal rights of 40.3
Constitution: *see* Constitution
Dáil Éireann: *see* Dáil Éireann
enrolment for record 25.4.5°, 25.4.6°
European Union: *see* European Union
external relations 29.4.2°
extra-territorial jurisdiction 29.8
Financial Resolutions, legislation to give effect to 17.1.2°
information on services lawfully available in another state 40.3.3°
International: agreements 29.6; law 29.3; Rome Statute 29.9
judges, and upholding of 34.6.1°
languages, where texts enrolled in both 25.4.5°, 25.4.6°
legislation *ex post facto* 15.5.1°
local authorities 28A
marriage 41.3.2°, 41.4
military law 38.4
Oireachtas, power of making 15.2.1°
operation, date of 25.4.1°
President and upholding of 12.8
prohibition of death penalty 15.5.2°
promulgation of 13.3.2°, 25.1, 25.2, 25.3, 25.4.2°, 27.5.2°, 27.6, 46.5
property, right of private 43.1.2°
refusal of bail 40.4.6°
right to life 40.3.3°
Saorstát Éireann 50
schools, State aid for 44.2.4°
social policy in making of 45
translation, official 25.4.4°
urgent, period of force of 24.3
validity of: *see* Constitution
war or armed rebellion 28.3.3°

legislatures
subordinate 15.2.2°
local authorities 28A
local government 28A
liberty of the person: *see* citizens
life: *see* right to life
Lisbon Treaty 29.4.5°, 29.4.6°
Literature
Seanad Éireann election panel 18.7.1°
marriage
dissolution of 41.3.2°
State protection of institution of 41.3.1°
without distinction as to sex 41.4
See also Family
military or armed forces
raising and maintenance of 15.6
See also Defence Forces
military tribunals 38.4, 38.6
mines and minerals: *see* natural resources
minor offences 38.2
Money Bills
Committee of Privileges 22.2
Dáil Éireann: certificate of Chairman 22.2.1°, 22.2.6°; initiation in 21.1.1°; passed by 21.1.2°; sent to Seanad Éireann for its recommendations 21.1.1°, 21.2; urgent Money Bills in 24.2
definition of 22.1
Seanad Éireann: recommendations 21.1.2°, 21.2; reference to Committee of Privileges 22.2; urgent Money Bills in 24.2
Supreme Court, not referable to 26
monopolies
essential commodities 45.2
exploitation of public 45.3.2°
mothers, employment of 41.2.2°. *See also* right to life
nation
British-Irish Agreement 29.7
diversity of identities and traditions 3.1
entitlement to be part of 2
Family and welfare of 41.1.2°

fidelity to 9.2
presidential messages to 13.7.2°, 13.7.3°
sovereign rights of 1
will to unite all the people 3.1
national flag
description of 7
national language 8.1, 8.3, 25.4.6°, 25.5.4°
national life 45
National Parliament: *see* Oireachtas
national policy
decisions on 6.1
President in relation to 28.5.2°
National University of Ireland
election of members of Seanad Éireann 18.4.1°, 18.4.2°, 18.6
nationality: *see* citizenship and nationality
natural resources
state property 10
offences: *see* crimes and offences
Oireachtas
Agreements, international 29.6
Dáil Éireann constituencies, revision of 16.2.4°
functional or vocational councils, provision for 15.3
laws: for public safety 28.3.3°; making of 15.2.1°; promulgation of 13.3.2°; repugnant to Constitution 15.4; Saorstát Éireann 50
legislation *ex post facto* 15.5.1°
National Parliament 15.1
raising and maintenance of military or armed forces 15.6
reports and publications of 15.12
sessions 15.7
social policy in making laws 45
Oireachtas, Houses of
Bills, passed or deemed to have been passed by both 13.3.1°, 20.3, 21.2.2°, 23, 24.2, 25.1, 26, 27, 46.2
cabinet confidentiality 28.4.3°
Comptroller and Auditor General: *see* Comptroller and Auditor General
convening of 13.2.3°

emergency 15.8.2°, 24.1, 28.3.3°
freedom of debate in 15.10
Government, right of attendance of members of 28.8
judges: membership of 35.3; removal of 35.4
laws: extension of period of force of 24.3; Saorstát Éireann 50
limitations on membership of 15.14
meetings in vicinity of 40.6.1°
members: allowances and free travelling 15.15; privileges of 15.13; protection of 15.10
President: declaration by, on taking office 12.8; election, nomination of candidates for 12.4.2°, 12.4.3°; impeachment of 12.10, 13.8; membership of either House 12.6.1°, 12.6.2°; messages and addresses by 13.7.1°, 13.7.3°; power to convene 13.2.3°; responsibility of 13.8.1°, 13.8.2°
protection of official documents and members' private papers 15.10
questions, determination of 15.11.1°, 15.11.2°
quorum 15.11.3°
reports and publications of 15.12
sittings 15.1.3°, 15.8
standing orders and rules 15.10
stated period 23
utterances made in 15.12, 15.13
votes 15.11
opinions, expression of: *see* citizens
orphans
State support 45.4.1°
panels of candidates
formation 18.7
functional or vocational groups, substitution of 19
Seanad Éireann elections 18.4.1°, 18.4.2°
pardon, right of
vested in President 13.6
parents
education of children, rights and duties 42
Parliament
extent of application of laws 3.1

natural resources 10
Oireachtas 15.1.1°
peace
ideal of 29.1
international disputes, settlement of 29.2
people
Bill petitioned against 27
Constitution, adoption of *preamble*
councils, functional or vocational 15.3
crimes and offences, prosecution of 30.3
derivation of powers of government 6.1
policy: national 6.1; social 45
President: election of 12.2.1°; in relation to 12.8
Referendum: *see* Referendum
right to decide national policy 6.1
right to designate rulers of the State 6.1
Saorstát Éireann, executive authority of 49.1
petition
Bill, signature of 27
policy: *see* national policy; social policy
population
Dáil Éireann constituencies in relation to 16.2
President of Executive Council of Saorstát Éireann: *see* Saorstát Éireann
President of the High Court: *see* High Court
President of Ireland
absence of 14.1
Attorney General 30.2, 30.5
Bills: reference to people 27; reference to the Supreme Court 26, 34.3.3°; signature of, 13.3.1°; signature of, following reference to Supreme Court 26.1.3°, 26.3; signature of, following Referendum 46.5; signature of, period for 25.2, 25.3; signature of, petition against 27; signature of, presented for 25.1; signature of, text passed by both Houses of the Oireachtas 25.4.3°; signature of, urgent 25.3
Chief Justice: *see* Chief Justice
Commission during absence, etc. of 14
Committee of Privileges 22.2

Comptroller and Auditor General: *see* Comptroller and Auditor General
Constitution, signature of copy of 25.5.2°
Council of State: *see* Council of State
Dáil Éireann, dissolution and summoning of 13.2.1°, 13.2.2°, 16.3.1°, 28.10
death of 12.3, 12.7, 14.1
declaration by 12.8
Defence Forces: commissions in 13.5.2°; supreme command of 13.4, 13.5.1°
election: 12.2.1°; eligibility for 12.4.1°; method of 12.2, 12.4.5°; nomination 12.4.2°, 12.4.3°, 12.4.4°; regulation of 12.5; right to vote at 12.2.2°; time of 12.3.3°
emoluments and allowances 12.11.2°, 12.11.3°
Governments, members of: appointment of 13.1.2°, 28.1; resignation or termination of appointment of 13.1.3°, 28.9
impeachment 12.10, 13.8
incapacity of 12.3, 12.7, 14.1
judges: *see* Chief Justice; judges
laws, promulgation of 13.3.2°, 25.4.2°, 27.5.2°
leaving the State 12.9
messages and addresses 13.7
nation, messages to 13.7.2°, 13.7.3°
office: entry upon 12.7, 12.8; other than Presidency, holding of 12.6.3°; removal from 12.3, 12.7, 12.10, 14.1; resignation from 12.3, 12.7, 14.1; term of 12.3.1°; vacancy in 14.1
official residence 12.11.1°
Oireachtas: constituent of 15.1.2°; Houses of: *see* Oireachtas, Houses of
pardon, right of 13.6
policy, domestic and international 28.5.2°
powers and functions: conferred by Constitution and by law 12.1, 13.8.1°, 13.10; exercise and performance of 12.1, 13.9, 13.11, 14.1, 14.4, 14.5
precedence 12.1
re-election, eligibility for 12.3.2°, 12.4.4°
Seanad Éireann, first meeting after general election 18.8

Taoiseach, appointment of 13.1.1°
Uachtarán na hÉireann 12.1
Presidential Commission: *see* Commission during absence or incapacity of President of Ireland
press
liberty of 40.6.1°
primary education 42.4
Prime Minister: *see* Taoiseach
private enterprise 45.3.2°
private property
material resources of the community 45.2
of religious denominations 44.2.5°, 44.2.6°
protection of 40.3.2°, 43
Privileges, Committee of: *see* Committee of Privileges
promulgation of laws: *see* laws
property: *see* natural resources; private property; State
proportional representation
Dáil Éireann elections 16.2.5°
election of President of Ireland 12.2.3°
Seanad Éireann elections 18.5
Public Administration
Seanad Éireann election panel 18.7.1°
public interest
cabinet confidentiality 28.4.3°
public moneys
agreements, international 29.5.2°
appropriation by Dáil Éireann 17.2
Comptroller and Auditor General: *see* Comptroller and Auditor General
Money Bills: *see* Money Bills
schools, State aid for 44.2.4°
public safety and order
assembly and associations 40.6.1°
conscience, freedom of 44.2.1°
courts, special 38.3.1°
invasion, in case of 28.3.2°
opinion, freedom of 40.6.1°
rebellion, armed 28.3.3°
religion, practice of 44.2.1°

urgent Bills 24.1
war, laws necessary during time of 28.3.3°
radio
public order, morality, and authority of State 40.6.1°
rebellion, armed
Defence Forces, acts of 40.4.5°
laws necessary during 28.3.3°
military tribunals 38.4
treason 39
See also War
receipts and expenditure, Estimates of: *see* Estimates of receipts and expenditure
Referendum
Bills, petition against signature of 27.5, 27.6
Constitution: amendment 46.2, 47.1; proposals other than for amendment 47.2
regulation of 47.4
vote, right to 47.3
religion
assembly and associations 40.6.2°
denominations, religious, rights and property of 44.2.5°, 44.2.6°
disabilities or discrimination 44.2.3°, 44.2.4°
education of children, religious 42.1, 42.4
endowment 44.2.2°
free profession 44.2.1°
schools, State-aid for 44.2.4°
worship, public 44.1
resources: *see* natural resources
revenues
appropriation by Dáil Éireann 17.2
one fund 11
right to life 40.3
Rome Statute: *see* International Criminal Court
Rome, Treaty 29.4.3°
royalties: *see* natural resources
Saorstát Éireann
Constitution, repeal of 48

Council of State and former Presidents of Executive Council 31.2
executive authority 49.1
Government succession to Government of 49.3
Ireland: citizenship of 9.1.1°
land, mines, minerals and waters 10.2
laws of 50
schools
freedom of choice of 42.2, 42.3.1°
private 42.2
State 42.2, 42.3.1°
State aid for 44.2.4°
seas 2
Seanad Éireann
Bills: abridged period for consideration of urgent 24; concurrence in earlier signature of 25.2.2°; held up in 23; initiated in 20.2, 23.2.1°; Money: *see* Money Bills; passed by Dáil Éireann, amendment of 20.1; signature of, petition against 27
casual vacancies 18.10.2°, 18.10.3°
Chairman: Bills, petitioned against 27.5.1°, 27.6; Bills, urgent 24.1; casting vote 15.11.2°; Commission during absence, etc., of President 14.2.1°, 14.2.4°; Council of State 31.2; election to office 15.9.1°; removal of judges 35.4.2°; remuneration 15.9.2°
Committee of Privileges: *see* Committee of Privileges
Comptroller and Auditor General: *see* Comptroller and Auditor General
Dáil Éireann dissolution, effect of 18.8
Deputy Chairman: Commission during absence, etc., of President 14.2.4°; election to office 15.9.1°; remuneration 15.9.2°
duration of 18.8
election of 18, 19: functional or vocational groups 19; general 18.7.1°, 18.8, 18.9; first meeting after election 18.8
Government: *see* Government
judges, removal of 35.4
members 18.1, 18.2: elected 18.4.1°, 18.4.2°, 18.10.1°,

18.10.3°; election of 18, 19; Government, members of 28.7.2°; nominated 18.3, 18.10.2°; term of office 18.9; universities and other institutions of higher education 18.4.1°, 18.4.2°, 18.6
Oireachtas, House of 15.1.2°
panels, formation of 18.7
Senate, designation of 15.1.2°
secret ballot: *see* ballot
sedition
publication or utterance of 40.6.1°
Senate: *see* Seanad Éireann
sex
citizenship 9.1.3°
Dáil Éireann 16.1
livelihood 45.2, 45.4.2°
marriage 41.4
nationality 9.1.3°
social justice, principles of 43.2.1°
social policy
citizens, livelihood of 45.2
credit, control of 45.2
directive principles of 45
economic interests of the weaker sections of the community 45.4.1°
enterprise, conduct of private 45.3.2°
essential commodities, control of 45.2
families on the land, establishment of 45.2
initiative, private 45.3.1°
Oireachtas, application of principles by 45
resources, application of material 45.2
social order, promotion of 45.1
workers, health of 45.4.2°
social services and activities
Seanad Éireann election panel 18.7.1°
sovereignty
affirmation of 1, 5
special courts 38.3
Stability, Coordination and Governance in the Economic and Monetary Union Treaty 29.10
State

agreements, international 29.5
citizens, personal rights of 40
citizenship and nationality 9.1
Comptroller and Auditor General: *see* Comptroller and Auditor General
Council of: *see* Council of State
Departments 28.12
education: *see* education
executive power, exercise of 28.2, 29.4, 49.2
external relations 29.4
Family: *see* Family
invasion of 28.3
land, mines, minerals and waters 10.2, 10.4
languages of 8
local government 28A
loyalty to 9.2
Ministers 28.12
moneys, control of disbursements of public 33.1
name of 4
national flag 7
natural resources 10
Oireachtas and power of making laws 15.2
powers of governments 6
President: leaving State 12.9; precedence 12.1
property, private 43
receipts and expenditure, Estimates of 17.1.1°, 28.4.4°
religion 44
revenues 11
right of people to designate rulers of 6.1
social policy 45
titles of nobility or honour 40.2
treason, defined 39
type of 5
war: declaration of 28.3; time of 28.3.3°
Supreme Court
appellate jurisdiction 34.5.3°, 34.5.4°
Bills: enrolment for record 25.4.5; referred by President 26, 27.4.2°, 34.3.3°
Committee of Privileges 22.2.3°

Constitution, enrolment of signed copy of text 25.5.2°, 25.5.3°, 25.5.4°
Final Appeal, Court of 34.2, 34.5.1°
incapacity of President of Ireland 12.3.1°
judges: *see* judges
law, validity of: Bill referred originally to Supreme Court 34.3.3°; decision 34.5.6°; 40.4; jurisdiction 34.3.2°, 34.5.5°
president of 34.5.2°
Tánaiste
Council of State: *see* Council of State
Dáil Éireann, member of 28.7.1°
nomination of 28.6.1°
Taoiseach, acts for 28.6.2°, 28.6.3°
Taoiseach
appointment of 13.1.1°
appropriation by Dáil Éireann of revenue or other public monies 17.2
Attorney General: *see* Attorney General
Bills: signature and promulgation of 25.1; signature and promulgation of, petition against 27.5.1°, 27.6; urgent 24.1
Comptroller and Auditor General: *see* Comptroller and Auditor General
constitution, text of 25.5
Council of State: *see* Council of State
Dáil Éireann: majority support in 13.2.2°, 28.10; member of 28.7.1°; summoning and dissolution of 13.2.1°, 13.2.2°, 16.3.1°
Government: head of 28.5.1°; nomination of members of 13.1.2°; resignation or termination of appointment of members of 13.1.3°, 28.9.2°, 28.9.3°, 28.9.4°, 28.11.1°
judges, removal of 35.4
President in relation to policy 28.5.2°
Prime Minister 13.1.1°, 28.5.1°
resignation 28.9.1°, 28.10, 28.11
Seanad Éireann: first meeting after general election 18.8; nominated members of 18.3, 18.10.2°

successor, appointment of 28.11
Tánaiste: *see* Tánaiste
taxation
Money Bill, definition of 22.1
titles of nobility or honour
government approval of 40.2.2°
State, in relation to 40.2.1°
Trade: *see* Industry and Commerce
travel, freedom to 40.3.3°
treason
definition of 39
members of Houses of Oireachtas 15.13
Uachtarán na hÉireann: *see* President of Ireland
unborn: *see* right to life
universities: *see* Seanad Éireann
University of Dublin
election of members of Seanad Éireann 18.4.1°, 18.4.2°, 18.6
vocational councils: *see* functional or vocational councils
war
Dáil Éireann assent to participation in 28.3
Defence Forces, acts of 40.4.5°
emergency, national 28.3.3°
laws necessary during time of 28.3.3°
military tribunals 38.4
treason 39
widows, state support 45.4.1°
women: *see* family; sex
work
citizens' livelihood through occupations 45.2
health of workers 45.4.2°
mothers' work 41.2.2°
worship
public 44.1